Akte

Schemata und Proportionen:
Klassisch richtig, griechisch schön
(Wie kam es zur Norm beim Sehen?) –
alles muss im Körper wohnen.

Harmonie birgt tausend Wonnen.
Muskelstress zeugt Schmerz und Wehen.
Expressiv schreien Herzstossböen,
wenn am Ende steht das Klonen.

Kann der Mensch wieder vertrauen?
Ändern alle Werte sich?
Gilt dennoch: „Ich liebe dich“?

Lange waren wir unbehaust;
schliesslich schliesst der Gnom sich aus.
Auf die Kunst sollen wir bauen!

(Karl Heinz Bartos, Graz, im Mai 2003)

Der Kunst-Ratgeber

Akt

Künstlerische Darstellung

Gerlinde Gschwendtner

Der Kunst-Ratgeber

Akt

Künstlerische Darstellung

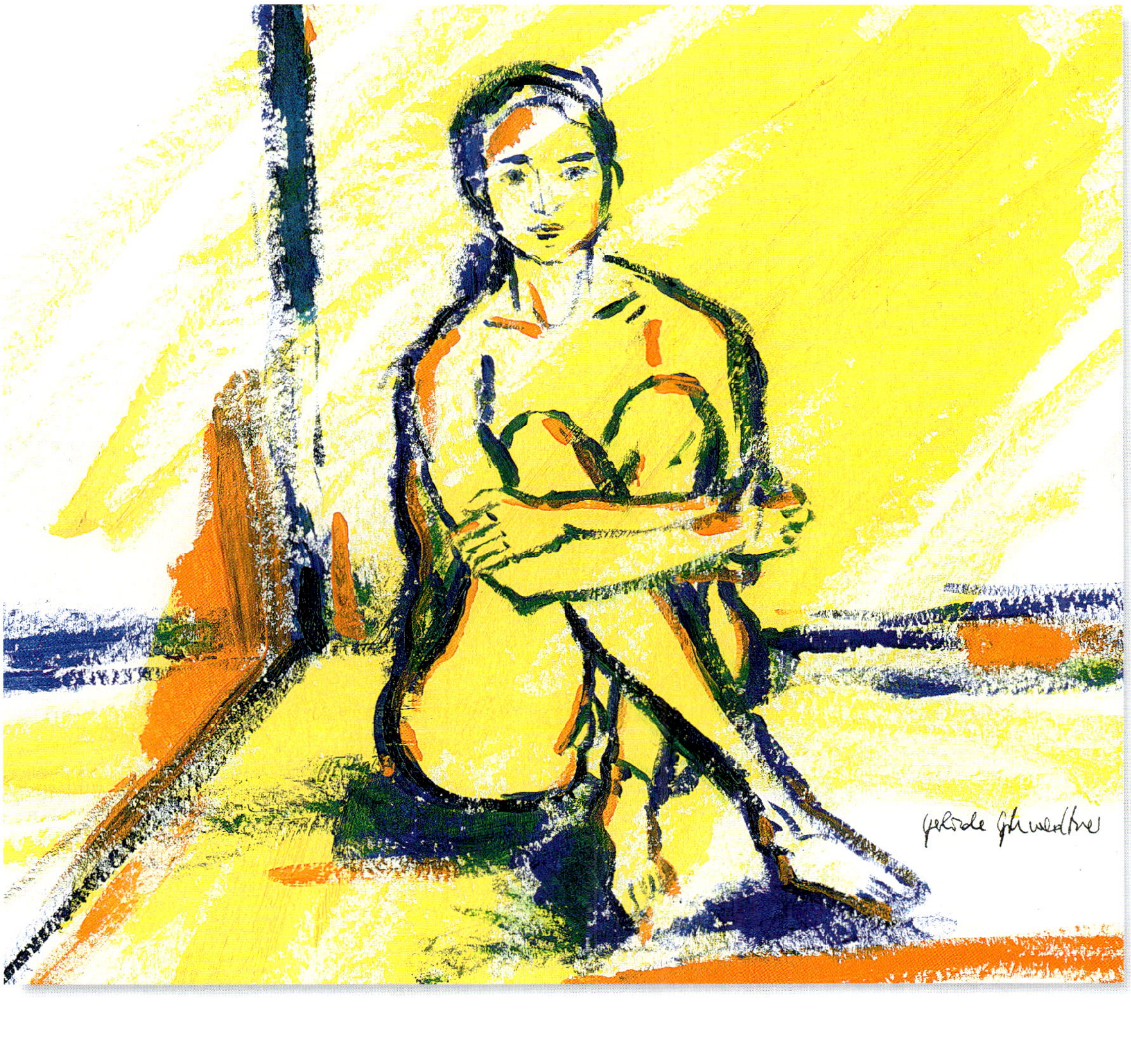

ENGLISCH VERLAG

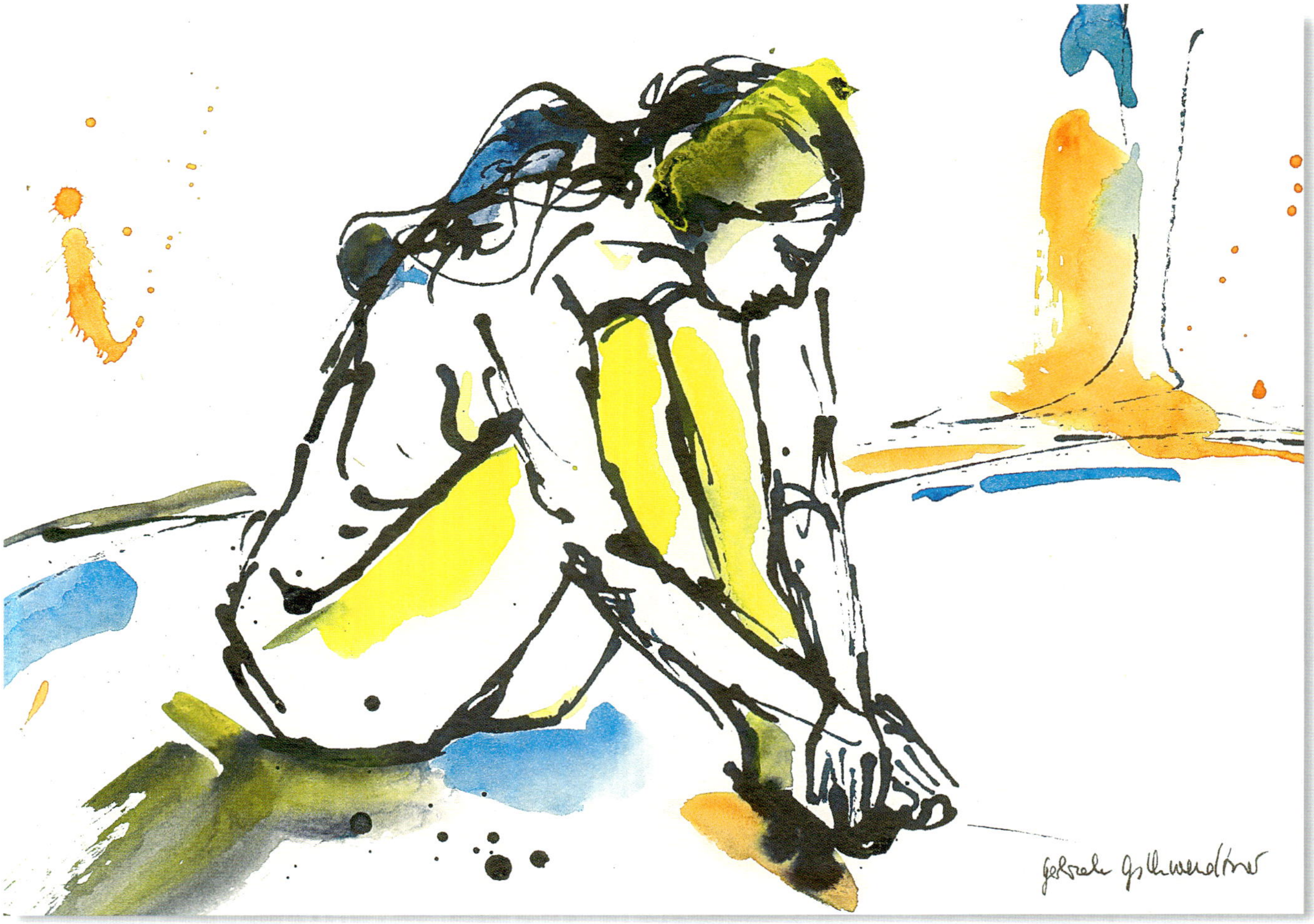

Bibliografische Information der Deutschen Bibliothek
Die Deutsche Bibliothek verzeichnet diese Publikation in der Deutschen Nationalbibliografie;
detaillierte bibliografische Daten sind im Internet über http://dnb.ddb.de abrufbar

ISBN 3-8241-1177-2

Printed in Italy

Prof. Mag. Gerlinde Gschwendtner studierte an der Akademie für Bildende Kunst in Wien (bei Prof. Robin C. Andersen und Herbert Boeckl), zeitgleich zu einem Geschichtsstudium an der Universität Wien, und schloss beide Studiengänge mit dem Magister ab. Sie unterrichtete dann als Professorin am Gymnasium, leitete eine Jugendgalerie und war außerdem in der Erwachsenenbildung für Kunst und Kunstgeschichte tätig. Seit 1980 hält sie auch in Deutschland Seminare und Vorträge und leitet Fortbildungen für lehrende Künstler. Ihre Werke waren bereits in zahlreichen Ausstellungen zu sehen und sind begehrte Objekte für Privatsammler.

Für meine Kinder

Inhaltsverzeichnis

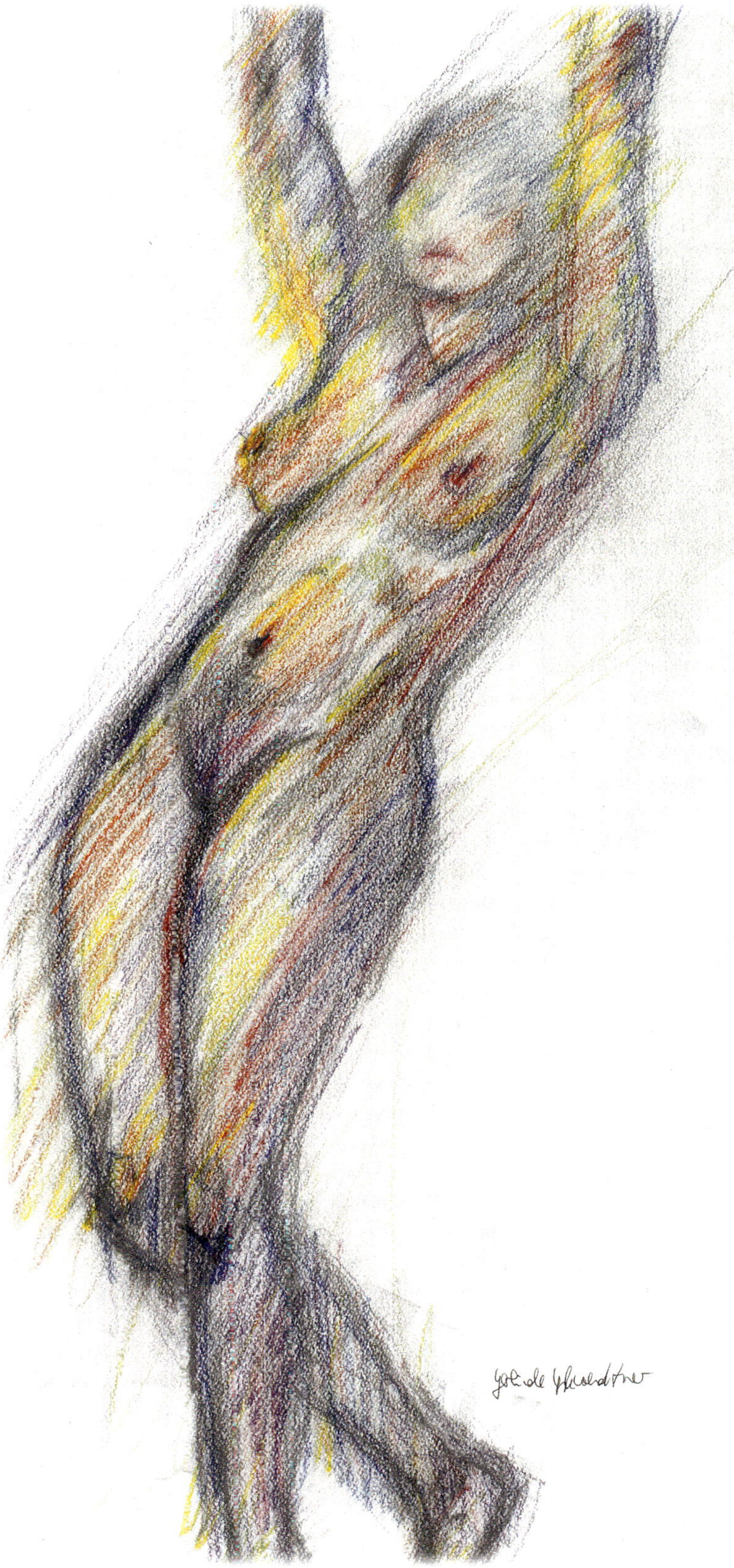

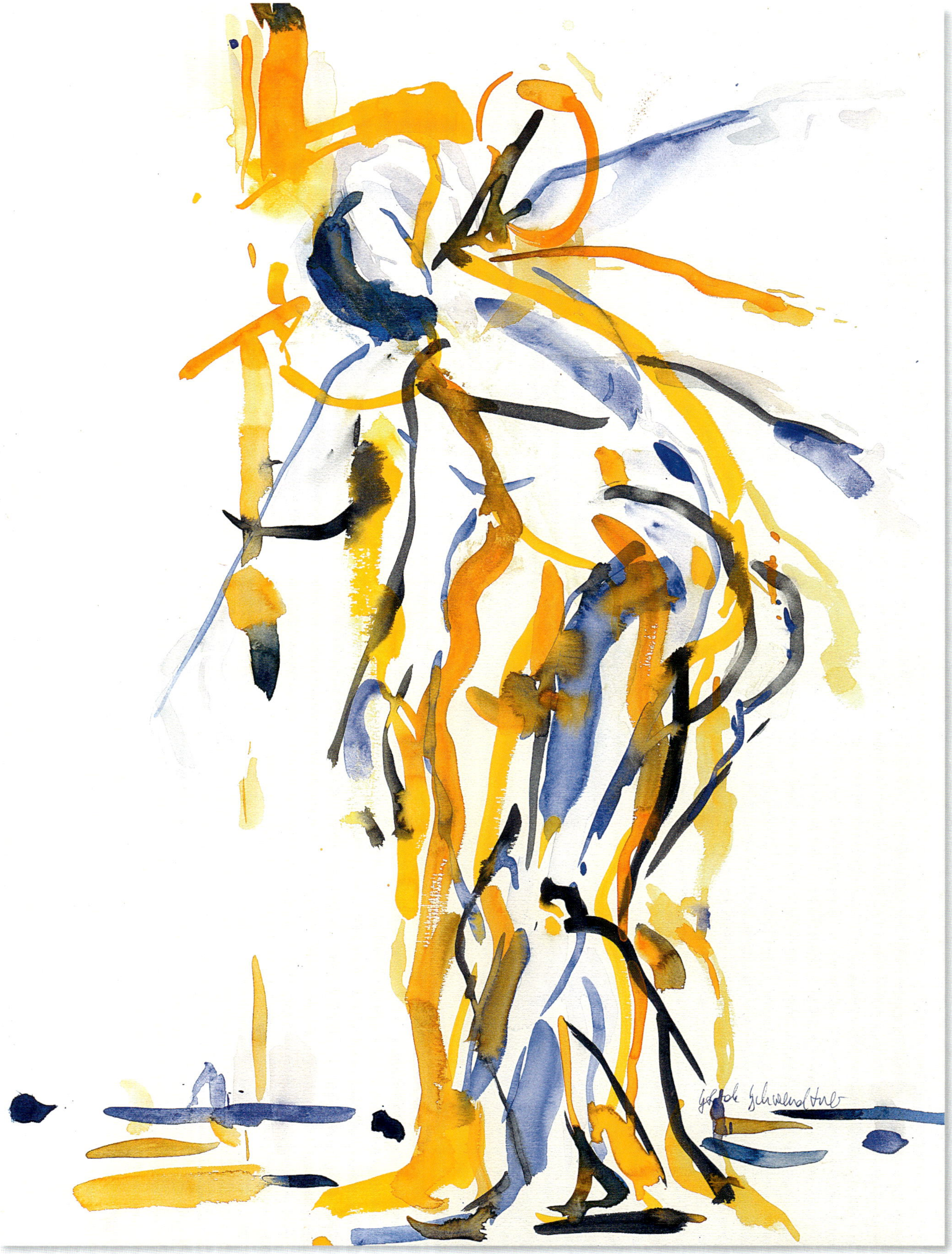

Vorwort

Die zeichnerische und malerische Auseinandersetzung mit dem Menschen ist eine unendliche Geschichte. Sie bedeutet eine große Herausforderung für den Künstler. Denn sein bewusstes und bewusstmachendes Darstellen verlangt Können, Wissen, Aufmerksamkeit, spontanes Erfassen und individuelle Ausdruckskraft.

Der menschliche Körper in seiner Mimik, Gestik und Motorik – in seiner gesamten Körpersprache – ist unser erstes und wesentlichstes Kommunikationsmittel. Wir verstehen es seit Anbeginn unseres Daseins und drücken uns selbst damit aus. So entstehen in der puren Körperdarstellung, zum Beispiel im Tanz und beim Körperaktionismus, direkte nonverbale Mitteilungen, die unmittelbar auf uns übertragen werden. Ihre Darstellung auf der Fläche ist das Anliegen des zeichnenden und malenden Künstlers.

In diesem Buch wird in übersichtlicher Form versucht, den Menschen mit komplexer Vielfalt bildlich zu erfassen ohne die künstlerische Freiheit des Einzelnen zu behindern. In den einzelnen Kapiteln wird die Auswahl der Gestaltungen so getroffen, dass sie als Grundlage für eine persönliche Weiterentwicklung dienen kann. Dabei werden Impulse initiiert, und durch intensive Vertiefungen kann sich der Künstler in seinem Duktus und seiner Bildaussage fortbilden. Jedoch: Wie weit man sich darauf einlässt, wie viel man übernimmt und selbständig überarbeitet, bleibt dem Einzelnen selbst überlassen – und so bildet die Auswahlmöglichkeit den Reiz dieses Buches!

Der Zugang zum Menschen als Thema einer Darstellung ist absolut persönlich und soll durch keine wertende Bevormundung beeinflusst werden. Alle Beispiele und Aussagen können daher vom schöpferischen Leser umgedeutet, verstärkt oder abgeschwächt werden. So enthält dieses Buch auch keine Regeln oder schematisierten Anleitungen – von der Proportionslehre abgesehen! Wesentlich erscheinen demnach vor allem die dargestellten grundlegenden Betrachtungsmöglichkeiten, die jedoch vom eigenen Ausdruck des Künstlers ausgefüllt werden sollten.

Die Abfolge der Kapitel ist so konzipiert, dass von der Proportionslehre bis zur expressiven, individuellen Ausdruckskraft im Dialog Mensch-Künstler eine große Bandbreite der Aussagen ausgebreitet wird. Aus dem abgezeichneten Abbild wird das persönlich erfasste und komplex gestaltete Bild des Menschen.

Die Einheit von Material und Komposition in Farbe, Form und Ausdruck in der Bildsprache hat in der Menschendarstellung eine ganz besondere Wertigkeit, werden doch über das Bild vom Menschen auch Emotionen übertragen und weitergegeben. Der Betrachter des Bildes wird in seiner Stellungnahme beeinflusst. Wie in keinem anderen Genre sind in diesem Sujet Manipulationen möglich. Alle menschlichen Gefühlsregungen sind über die Darstellungsart abrufbar. Die Fähigkeit des Bildbetrachters, die Auslösung von Empfindungen zuzulassen, zeigt die einzigartige Kraft des gezeichneten und gemalten Bildes.

Die Botschaft jeden Menschenbildes wird durch die entsprechende künstlerische Darstellung verstärkt. Je tiefer und gründlicher das Wissen um die Bildsprache besteht, umso intensiver kann daraus die Aussage und die unmittelbare Ausdruckskraft bezogen werden. Dieses Buch soll dazu verhelfen. In diesem Sinn sollen die einzelnen Kapitel und Bildbeispiele dem Leser und Betrachter zum verständnisvolleren Eingehen auf den anderen Menschen – sowohl im Medium Bild als auch in der Realität – führen.

Die Bildbeschreibung bezieht sich vor allem auf Farbe, Form und Komposition. Die Bildaussage sollte jedoch der Betrachter selbständig erfahren.

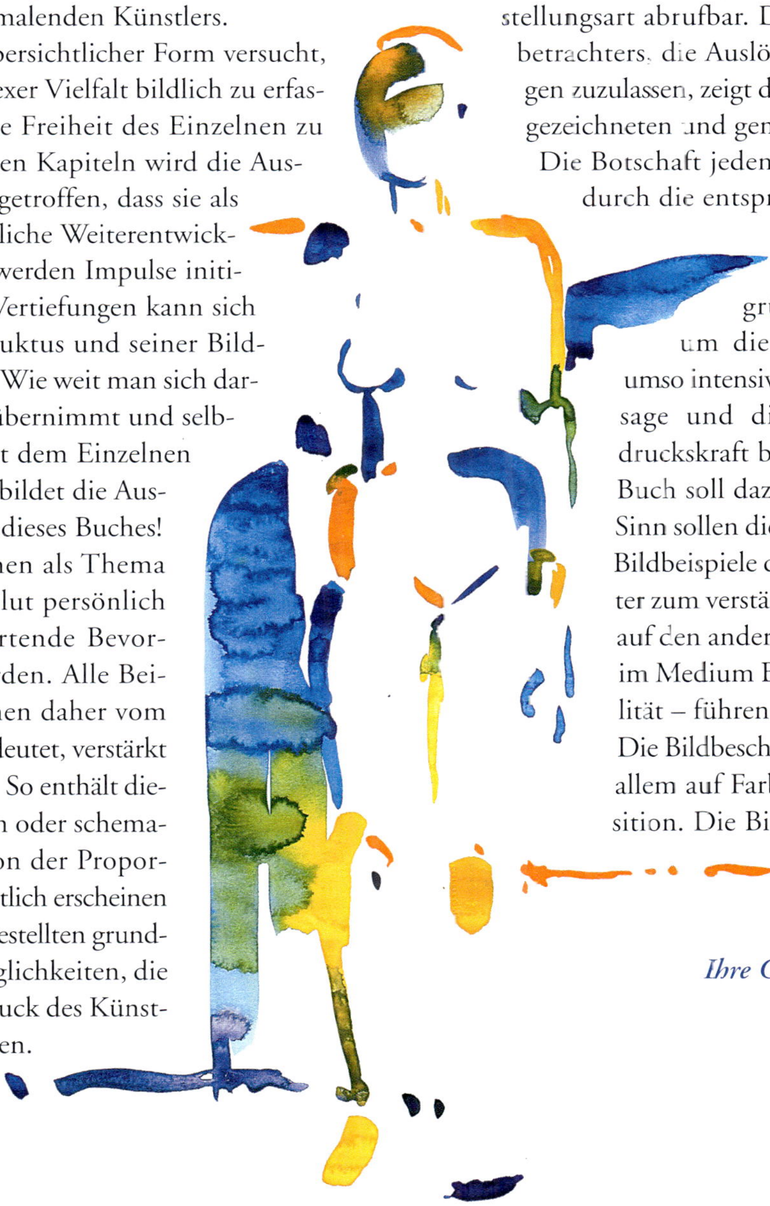

Ihre Gerlinde Gschwendtner

Einleitung

Der menschliche Körper in der Darstellung der bildenden Kunst ist ein starker Ausdrucksträger. Die jeweiligen Anliegen und Intentionen von Religion, Kultur, Stilepochen und der Persönlichkeit des Künstlers verbinden sich mit dem „Vor- und Abbild" des Menschen in seiner künstlerischen Gestaltung. Proportionen, Farben, Formen und Kompositionen drücken die Stellungnahme gegenüber dem Menschen, seinen Fähigkeiten, Idealen, seinem Geist und seiner Seele in sichtbarer Körperlichkeit aus.

Im Sehen dieser Menschenbilder erfährt nicht nur der Künstler, sondern auch der Betrachter viel über sich selbst. Zu- und Abwendungen, Sensibilität, Wahrnehmungsfähigkeit, Vorurteile und Normdenken verdeutlichen das eigene Wertverhalten.

Das gemalte Menschenbild steht immer im Dialog mit dem Künstler und auch mit dem Kunstbetrachter. Zweifel und widerlegbare Interpretationsversuche dürfen möglich sein. Denn nicht jedes Bild, nicht jeder Mensch erschließt sich und kann genau erfasst und umschrieben werden. Manches entzieht sich den Empfindungen. Menschenbilder können auch unnahbar und fremd erscheinen. Geduld und Empfindungskraft, Toleranz und Ehrlichkeit erweitern nicht nur das Erfassen bildlicher Botschaften, sondern übertragen sich auch auf das Leben.

Im Menschenbild der Kunstepochen und Künstler überlagern sich objektives und subjektives Sehen. Magische, religiöse, symbolische, surreale oder expressive Haltungen fließen in die verschiedenen Sichtweisen ein. Sie bringen Unerklärliches mit sich, das nicht immer zu enträtseln ist. Vielschichtig wie jedes Individuum wird es zu einer Herausforderung für den Kunstbetrachter.

Das Bild vom Akt (lat. actus „Vorgang, Handlung") offenbart über die bildnerischen Mittel Aussagen, die zu erkennen nicht alleine mit dem Verstand und dem akademischen Wissen möglich sind. Kenntnisse über die besonderen Aussagemittel im Bild bewirken jedoch für Künstler und Kunstbetrachter eine breitere Orientierung.

Ein kleiner, ausschnittweiser Überblick über die Geschichte des Menschenbildes mit den Proportionsregeln der verschiedenen Stilepochen soll als Grundlage für diese Betrachtungsformen dienen. In erklärenden Worten und anschaulichen Bildern kann dadurch ein Eindruck der Vielfalt an Maßstäben gewonnen werden.

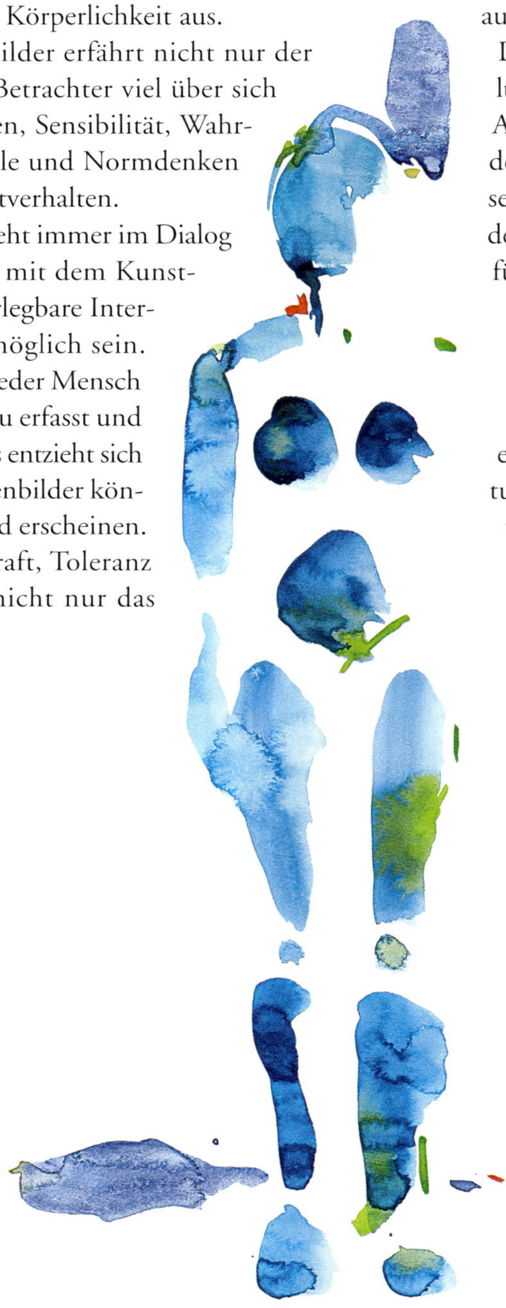

Die Grundlagen der künstlerischen Darstellung

Die Darstellung des nackten menschlichen Körpers – Ein historischer Überblick

Wie sollte, wie muss ein menschlicher Körper aussehen, um „schön", „harmonisch" oder „richtig" zu wirken? Gibt es einen allgemein gültigen „Kanon" (griech., kanon „Richtschnur, Regel, Vorschrift")?
Bereits die Beantwortung dieser Frage enthält Werturteile. In der Geschichte der Kunst und auch von jedem Künstler in den einzelnen Stilepochen wurden die Regeln immer wieder verändert und angezweifelt. Die geforderten Maßstäbe an den Menschen wandeln sich also in der Stilgeschichte der Zeiten und Kulturen. Sie folgen einander, überschneiden sich und werden immer neu durchdacht.
Es gibt jedoch auch Religionen, Kulturen und Epochen, in denen der Mensch nicht bildlich dargestellt wird. Er gilt als unwichtig, unwürdig oder entzieht sich einer festen Deutung im Bild. Respekt vor dieser Haltung ist wichtig und soll dazu beitragen, Zweifel an leicht fassbaren Bildwirkungen auszulösen.
Das Kunstwollen, das auch den Menschen verbildlichen will, bringt in verschiedenen Stilrichtungen unterschiedliche Ansatzpunkte zur Geltung. Dabei werden jeweils andere Normen und Maße verwendet.
So kommen in frühen Kulturen im magischen Kultbild des Menschen mit seiner ausdrucksvollen Gestaltung die Wünsche und Ängste des Menschen zum Ausdruck. Der Künstler ist gleichzeitig auch ein „Zauberer". Er zeigt in seinem Können das Bild des Menschseins auf. Realität und Kunst überschneiden sich; die Darstellungen sind eine innere Notwendigkeit und Hilfe für das Leben. Die Menschenmaße entsprechen biologischer Notwendigkeit, um das Weiterleben der menschlichen Generationen zu garantieren. Die Wirkung dieser Körperformen ist in uns gespeichert, und wir können uns diesen Schlüsselreizen bis heute nicht entziehen! Eine große Brust steht zum Beispiel für die Garantie der Ernährung der Kinder und ein breites Becken für eine komplikationslose Geburt. Und die langen Beine der männlichen Jäger, die schnellen Angriff und notfalls Flucht erleichtern, versprechen eine erfolgreiche Jagd.

Die Kunst der Menschengestaltung als Symbol für ein gelungenes Leben oder als Weihegabe für die Gottheiten, die besänftigt oder geehrt werden sollen, oder die Darstellung des Körpers als Behälter für die Seele entzieht sich oftmals dem direkten Blick der Menschen. Diese Darstellungen sind nur für Wissende und Gläubige bestimmt, nicht für eine rein ästhetisierende Betrachtungsweise, wie sie heute praktiziert wird.

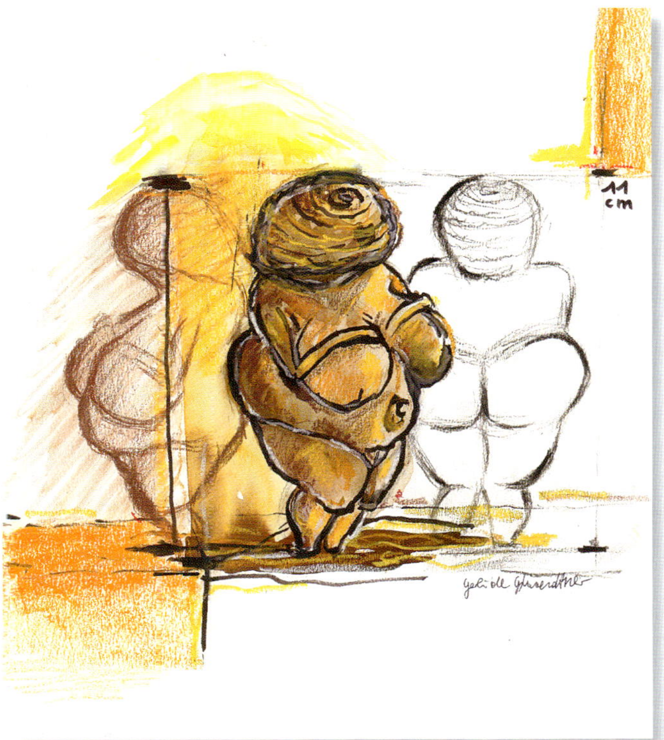

„Hommage Venus von Willendorf". Mischtechnik: Aquarell, Kohle, Ölkreide.

Die kleine Kalksteinfigur aus dem niederösterreichischen Willendorf (entstanden ca. 30.000 bis 20.000 v. Chr.) stellt möglicherweise ein Symbol der Fruchtbarkeit oder der Erdmutter dar. Die Formgebung der Figur ist überdeutlich in ihrem biologischen Sinn, jedoch bleibt die genaue Idee der Gestaltung in der Vorzeit verborgen.

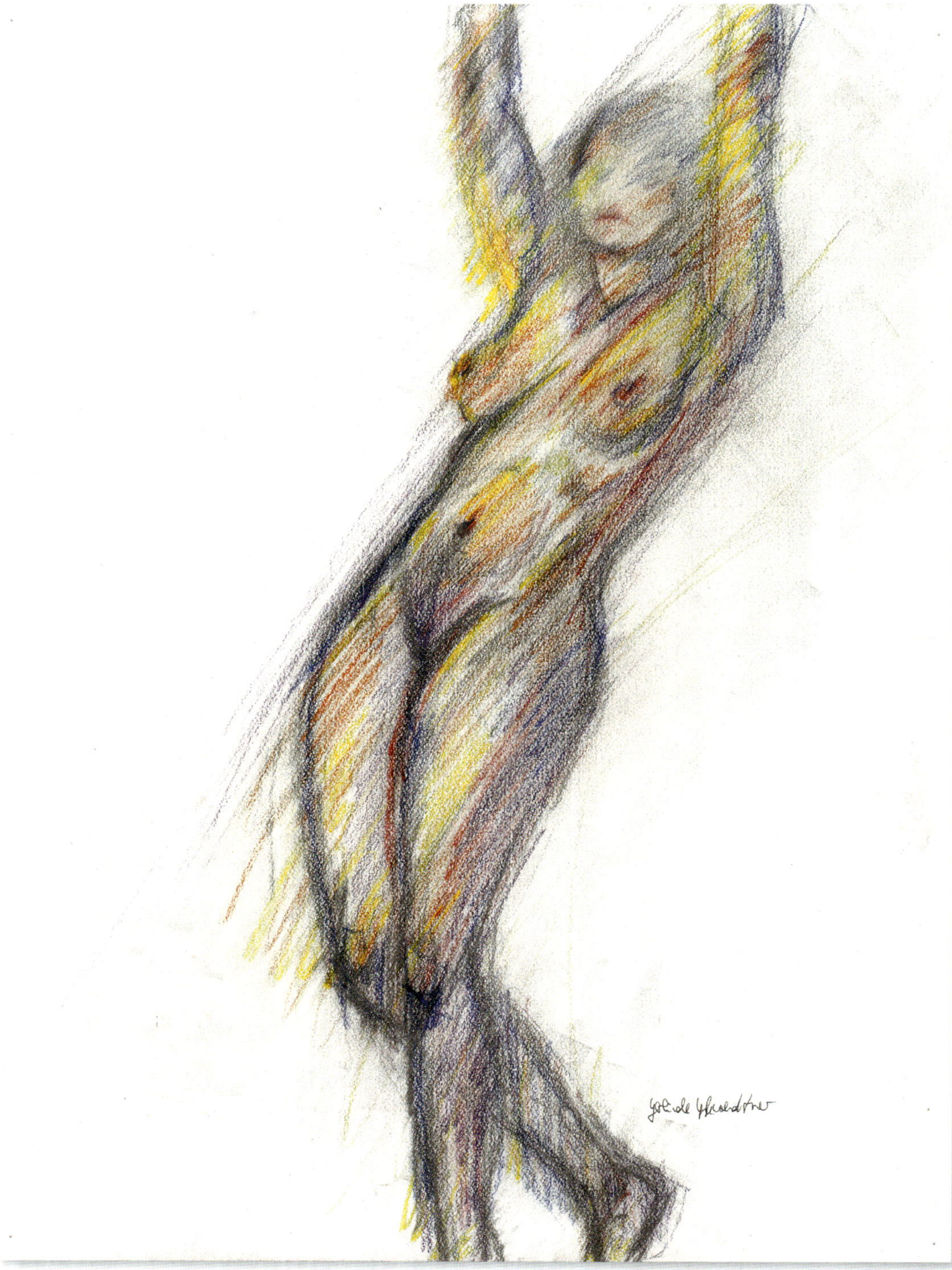

„Betonte Körperlichkeit". Farbstifte.
Eine biegsame Lebendigkeit des funktionsfähigen Frauenkörpers wird in einer schwunghaften Bogenkomposition darstellerisch gelöst.

Die Möglichkeit, sich in den ganzen Lebensraum vergangener Zeiten und Kulturen einzufühlen, ist für uns heute nicht mehr ausreichend gegeben. Das Mysterium vieler Menschendarstellungen in der Vergangenheit, in anderen Kulturen und in Religionen bleibt jedoch.
Erst mit schriftlichen Aufzeichnungen und Musterbüchern wird uns die Bedeutung der Menschengestaltung in ihrer Wunschvorstellung durch die Proportionslehre näher gebracht. Diese Lehren von den menschlichen Maßen können von der ägyptischen Kunst bis heute in ihrer Vielfalt verfolgt werden.

Die Proportionslehren

Das Wort Proportion geht auf das lateinische proportio zurück, was „entsprechendes Verhältnis, Ebenmaß" bedeutet.
Die Proportionslehren sind durch verschiedene Ausgangspositionen der Stile und Künstler gekennzeichnet. Einzelne Kunststile bevorzugen unterschiedliche Maßeinheiten. Es ist daher sinnvoll, diese zu differenzieren, um als Künstler oder Kunstbetrachter die Bildbotschaften leichter entschlüsseln zu können.

Die Größen der dargestellten Gegenstände, Malflächen und Zeichenlinien untereinander werden vom Künstler in bestimmten Maßen zum Gesamtbild gestaltet. So entsteht eine ganzheitliche Bildkomposition (siehe auch: Gerlinde Gschwendtner, Kompositionslehre Formen. Wiesbaden 2002). Vom Künstler subjektiv eingesetzte Farben und Formen bilden ein Kriterium für seinen Stil und seine über das Bild zu transportierenden Botschaften.

Bildproportionen
Sie bezeichnen die Größenverhältnisse der Einzelteile untereinander und zum Bildganzen.

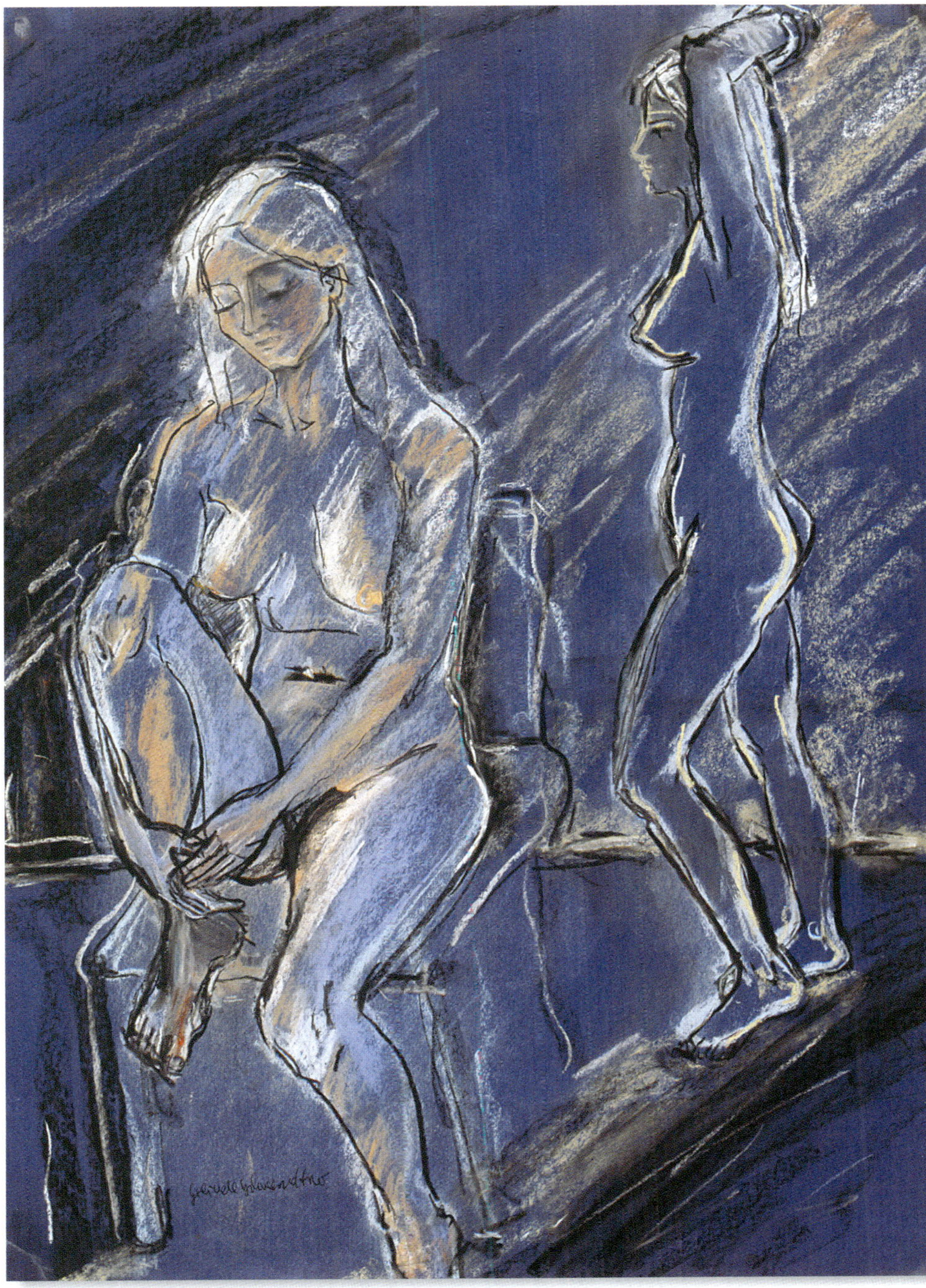

„Mädchen". Pastellkreide. Die malerisch-plastische Darstellung in Hell-Dunkel-Tönen und Komplementärfarben bilden die Bildeinheit.

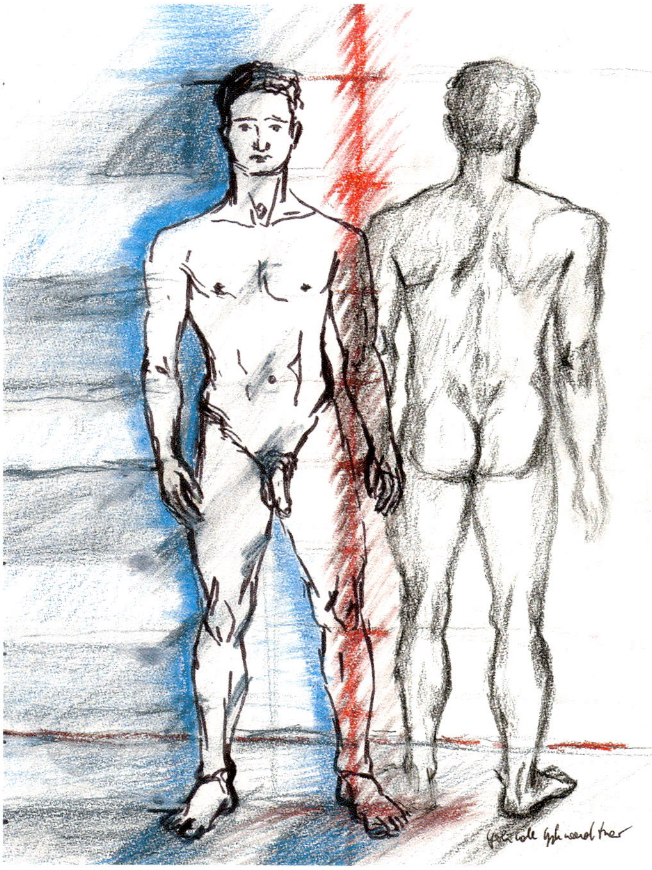

Körperproportionen

Die menschlichen Proportionen zeigen die Verhältnisse der Körpereinzelteile untereinander und zur Gesamterscheinung. Es gibt zwei Möglichkeiten dies zu messen:

1. Der konkrete Vergleich: Die Maßverhältnisse können am jeweilig konkret vor uns stehenden Menschen verglichen werde. So wird z. B. gefragt: Wie groß sind die Hände dieses Menschen im Verhältnis zu seinem Arm, zum Rücken usw.

Soll ein Akt dem Menschen überprüfbar ähnlich dargestellt werden, müssen diese Proportionen sehr genau vermessen und verglichen werden. Auch die Freiräume zwischen den Körpergliedern sind zu beachten. Jeder Mensch

„Männerakte". Schwarze Tinte, Ölkreide.
Dieses Proportionsschema ist das üblichste. Der Kopf ist die Maßeinheit für den Körper – die Körperlänge misst siebeneinhalb bis acht Mal die Kopflänge.

„Frauenakte". Mischtechnik: Aquarell und Kohle.
Diese beiden Mädchen zeigen in freier künstlerischer Auseinandersetzung als zarten Bildanteil die Proportionsmaße ihrer Körper.

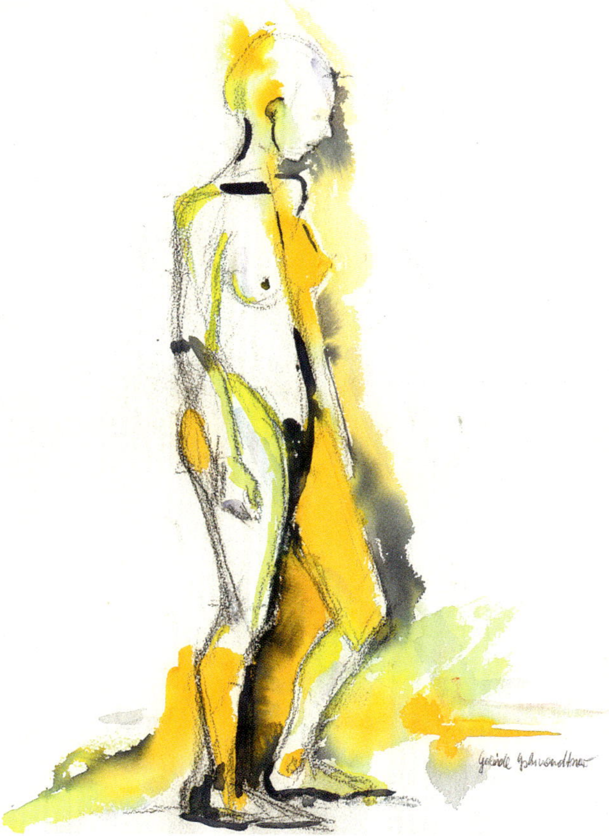

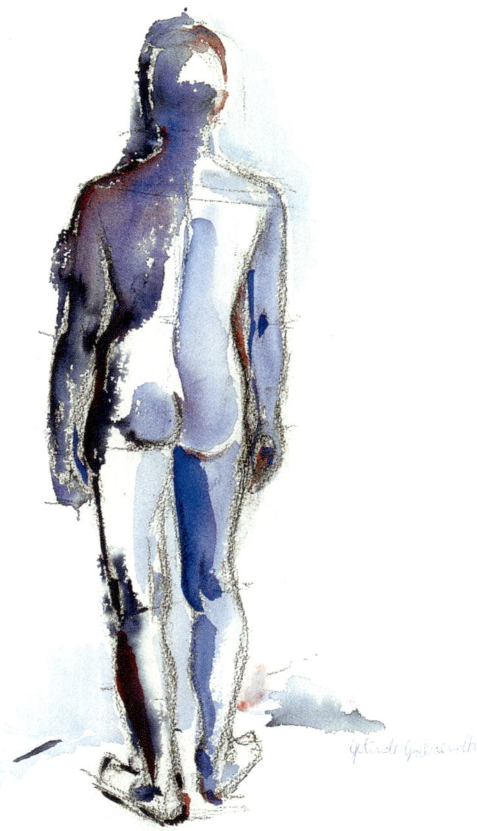

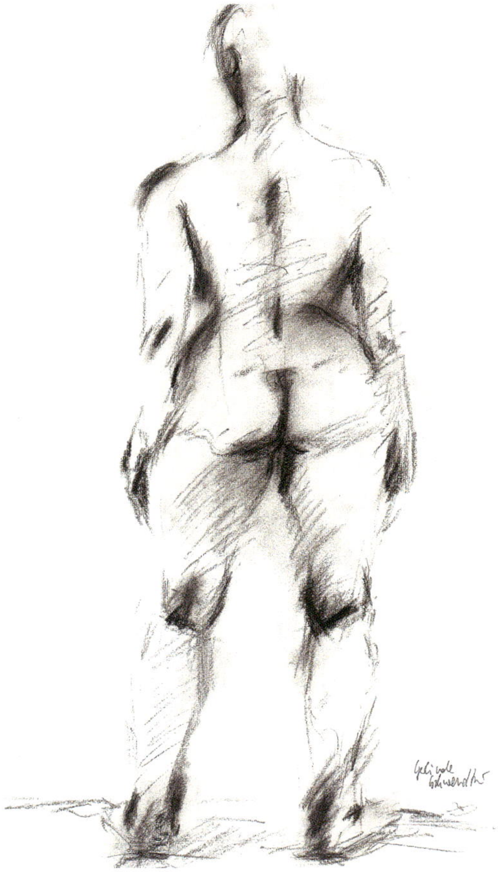

„Weiblicher Rückenakt“. Grafitstiftradierung.
Diese Aktfigur zeigt typische Proportionsmaße expressiv betont. Unwichtige Details werden weggelassen.

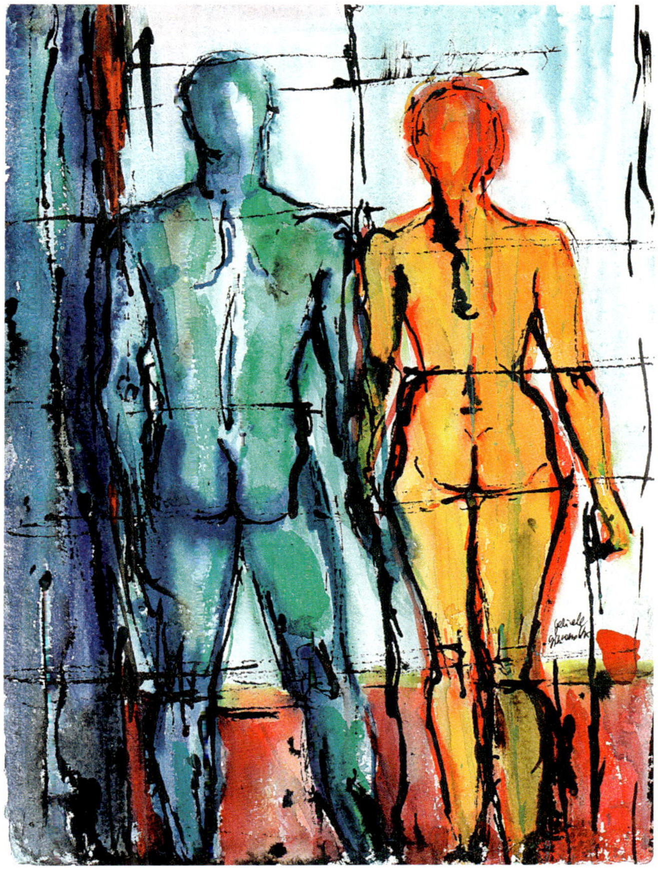

„Proportionsmaße“. Mischtechnik: Tusche, Wasserfarben.
Die beiden aus dem Boden herausgewachsenen Rückenakte illustrieren eine freie Darstellung der Maßeinheiten.

hat seinen typischen Leerraum zwischen den Gliedmaßen. Bei subjektiver, expressiver Proportionsgestaltung können jedoch kleine Unterschiede überbetont oder abgeschwächt werden. Objektiv gemessene Proportionen dürfen um des Ausdrucks willen vom Künstler absichtlich individuell verändert werden.

2. Der Vergleich mit allgemeinen Normmaßen: Die Maßverhältnisse des einzelnen Menschen werden nicht mit einer Maßeinheit seines eigenen Körpers gemessen (Gesicht oder Kopf), sondern seine Maße werden mit den allgemeinen Normmaßen einer Proportionslehre verglichen. So muss sich z. B. der Beinansatz in der Mitte der Körpergröße befinden. Dazu muss dem Künstler eine entsprechende Proportionslehre präsent sein.

„Normmaße“. Fineliner. ▶
Die Proportionsmaße des weiblichen und männlichen Körpers zeigen wesentliche Unterschiede bei gleicher Größe (acht Kopflängen, Körpermitte ist das Schambein). Das Körperdreieck des Mannes reicht bis zum Schambein, das der Frau bis zur Taille. Der Körperkanon des Kindes (ca. zwei Jahre) zeigt den kurzen Körper im Verhältnis zum rundlichen Kopf.

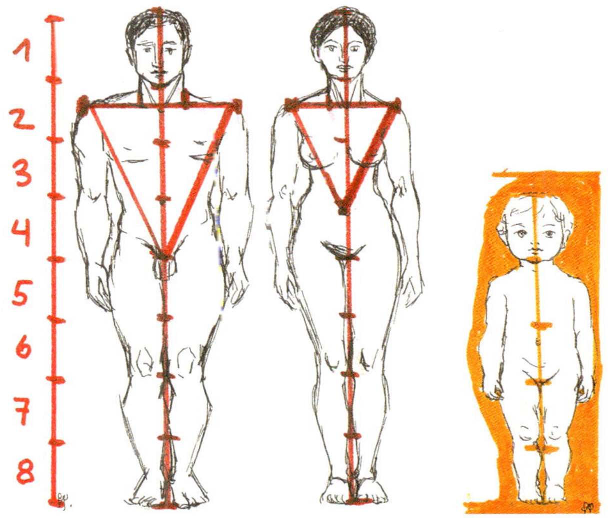

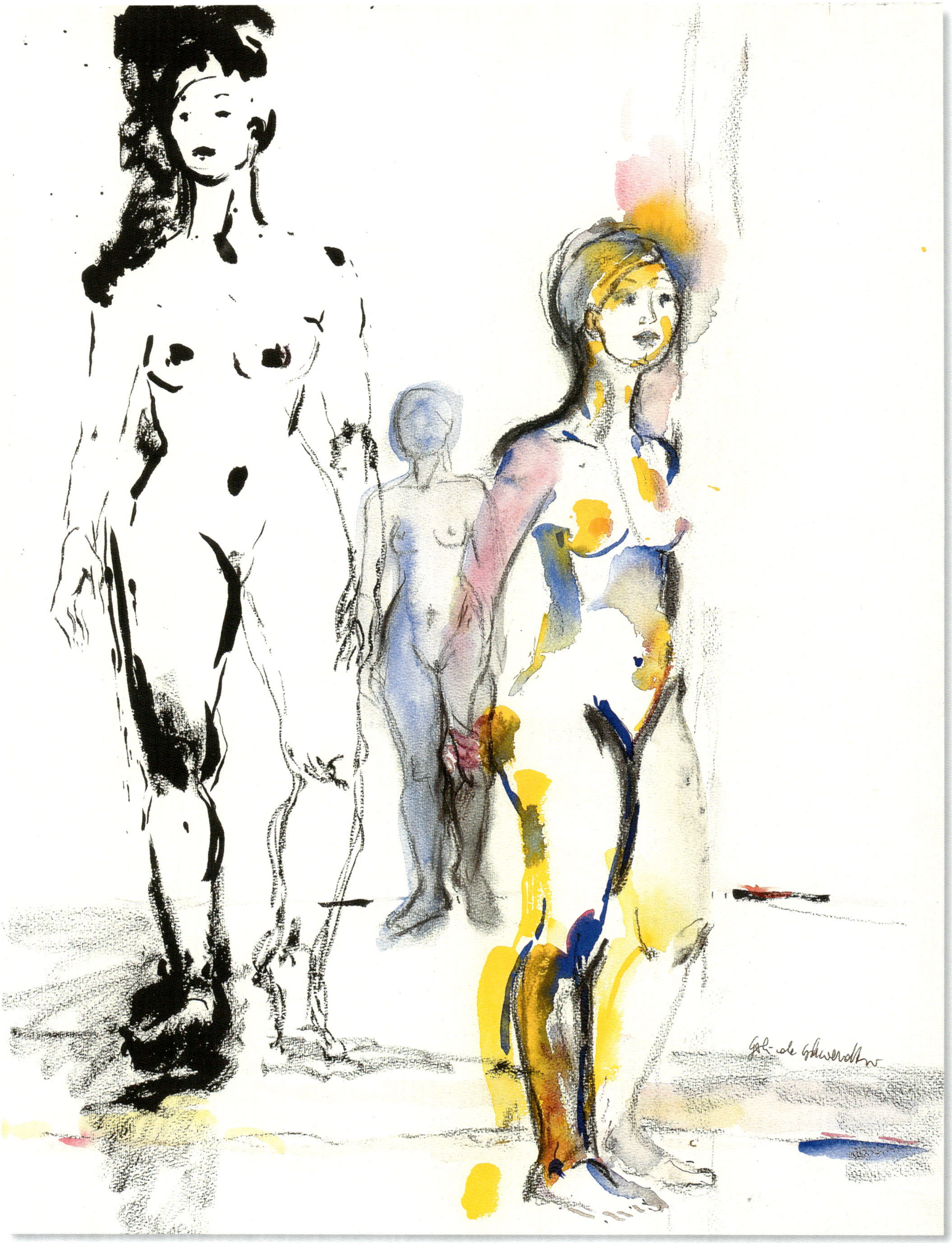

Einige ausgewählte Proportionsgesetze

Eine Verbindung von Bild- und Körperproportionen stellt die klassische, harmonische Bildkomposition dar. Der Mensch „als Maß aller Dinge“ bzw. „das menschliche Maß“ wird in den Bildraum integriert.
Die Proportionen ändern sich in Bewegung und Perspektive. Diese Blickwinkel können vom gemalten Modell oder vom malenden Künstler verändert werden. Auch für den Betrachter ändern sich die Proportionen je nach Standpunkt. Der Künstler kann also den Betrachterstandpunkt in seine Arbeit einbeziehen (wie z. B. bei Freskendarstellungen in Barockkirchen) oder die Figur absichtlich verkürzt erscheinen lassen.

„Gelber Akt“. Acryl. ▶
Eine leichte perspektivische Untersicht betont die freie Haltung der Figur.

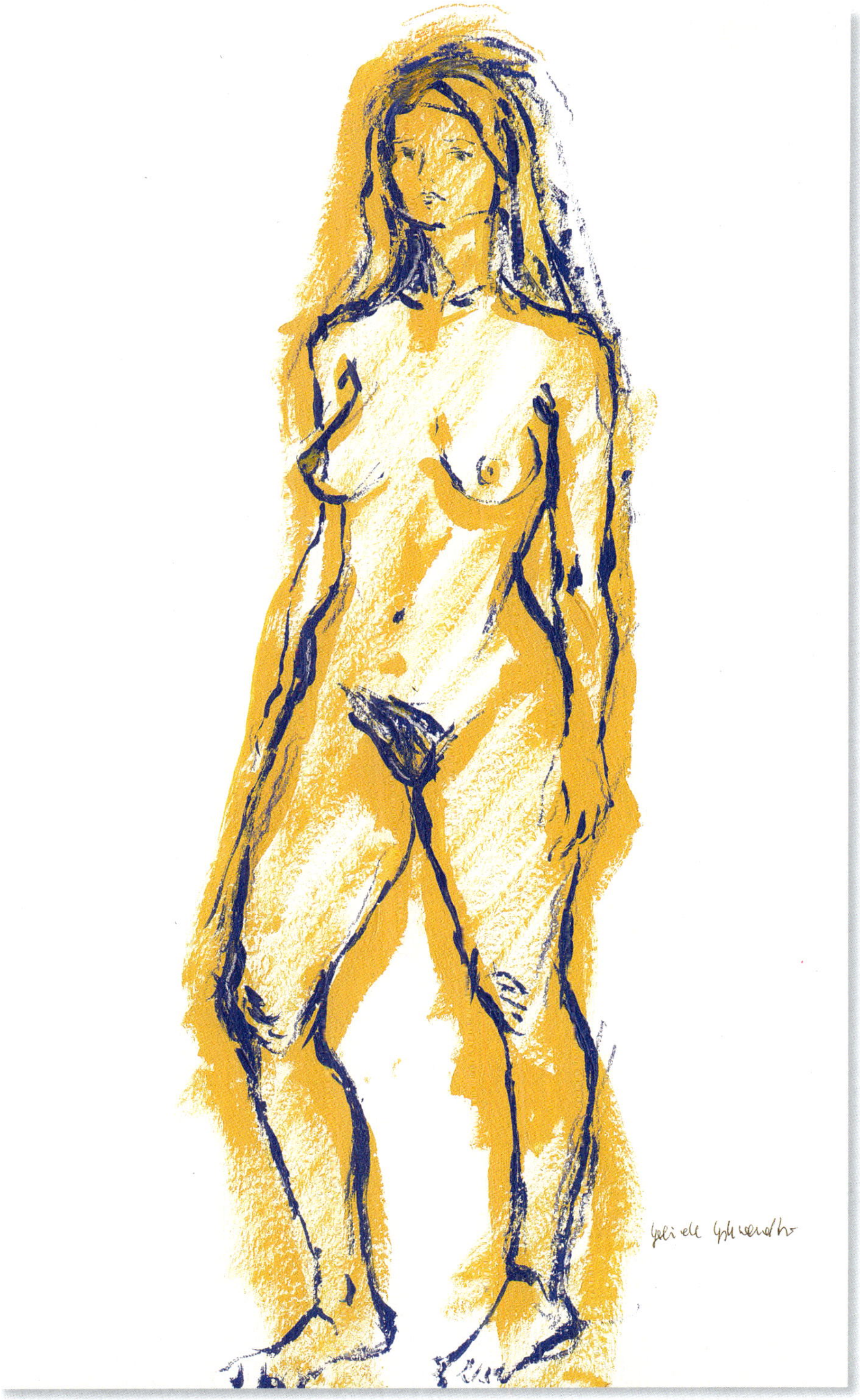

◀ *„Frauen“.*
Mischtechnik: Kohle, Aquarell.
Von vorne und halbseitlich teilen die individuellen Körperporträts den Bildraum im goldenen Schnitt.

Der folgende kleine Überblick beleuchtet einige **ausgewählte Proportionsgesetze**, die das Kunstwollen der Epochen in der menschlichen Darstellung fokussieren:
Die Grundlage der **Kunst der alten Hochkulturen Ägyptens** war der Jenseits- und Götterglaube, an dessen Rituale die bildlichen Darstellungen gebunden waren. Das Charakteristische des Menschen wird gezeigt (aspektive Darstellungen), wobei der Menschenkörper möglichst vollständig abgebildet werden muss. Kopf und Beine werden stets im Profil dargestellt, die Brust und Arme jedoch in Frontsicht. Eine Festlegung im Quadratnetz erlaubt den Künstlern nur stereotype Änderungen des Körpers. So umfassen die Grundformen nur folgende drei Haltungen: Gehen, Hocken, Sitzen. In den geordneten Vorgaben, aufgezeichnet in Musterbüchern mit standarisierten Maßverhältnissen, gibt es kaum eine individuelle Menschendarstellung. Auf diese Weise wird die Unveränderbarkeit des Menschen zum Ausdruck gebracht, und seine ewige, zeitlose Daseinsform zeigt sich in der Darstellung. Die Seele kann in dieser immerwährend gleichen materiellen Gestaltung ihre dauerhafte Bleibe erhalten. Dafür ist die Ganzheit der Gestalt erforderlich.

Im Gegensatz zu den mathematisch wiederholbaren, an die Ewigkeit des Jenseits gebundenen Proportionsregeln der ägyptischen Kunst steht das menschliche Idealbild der **griechischen Kunst**. Die Schönheit des Menschen wird hier als von göttlicher Natur angesehen. Der Vollkommen-

„Ägyptisches Musterbild“.
Ein Gitter mit achtzehn Einheiten (älterer Kanon) teilt die Proportionen des Menschen in standardisierte Formen, die eine vollständige Abbildung garantiert.

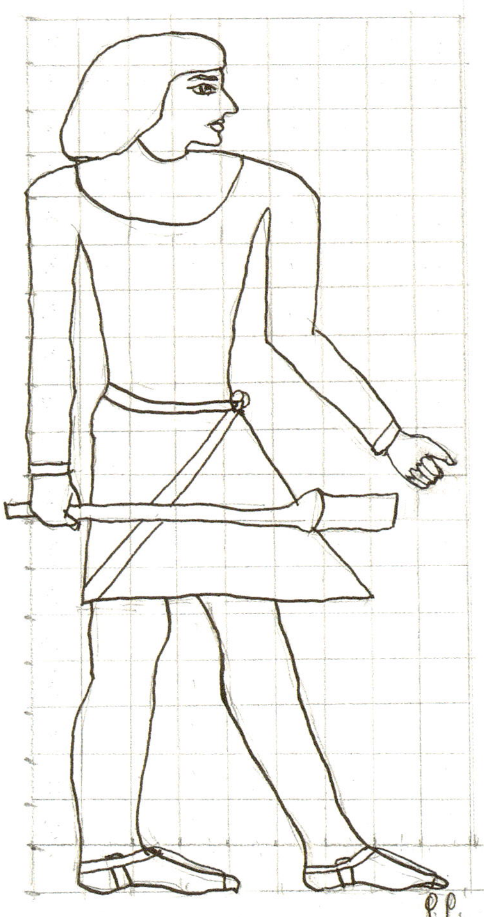

„Griechische Musterfigur von Polyklet“.
Im „Doryphoros von Polyklet“, 450 v. Chr., entwickelt sich die neue Symmetrie, die den Menschen von innen nach außen und oben nach unten proportioniert.
In Griechenland entsteht die Darstellung des nackten Jünglings (Kuros) und des bekleideten Mädchens (Kore).

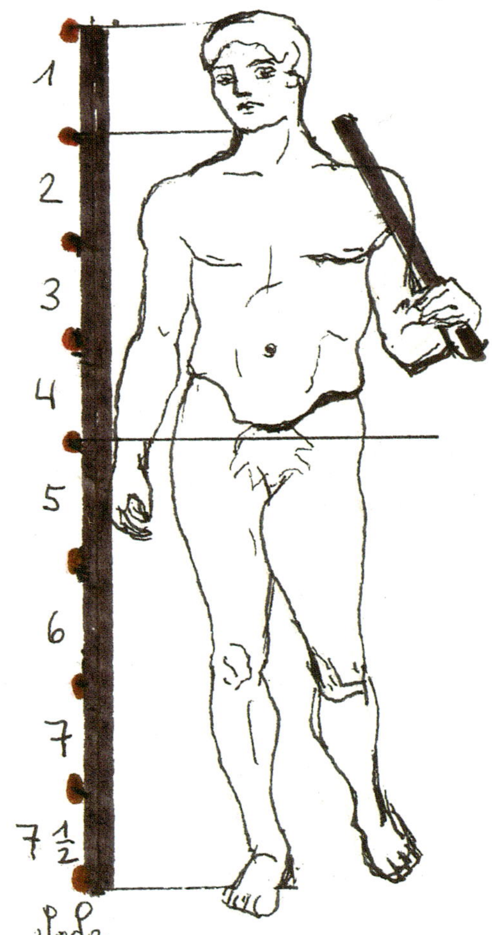

heit entsprechen ideale Maßverhältnisse, Rhythmus, Harmonie, Symmetrie und Gleichgewicht. In der Kunstgeschichte untrennbar verbunden mit diesem vollkommenen Menschenbild ist der im 5. Jahrhundert v. Chr. entstandene Kanon des Polyklet. Bis heute ist er Grundlage für die Proportionslehren, obwohl er nur in römischen Kopien erhalten ist. In diesem Kanon oder Regelwerk fügen sich Einzelformen zu einem übergreifenden Ganzen zusammen.

So erklärt sich die Schönheit der Proportionen aus dem abgestimmten Verhältnis der Einzelteile zueinander und zur Gesamterscheinung. Der Künstler misst die einzelnen individuellen Körperteile durch Anschauung und Beobachtung, aber nicht in einem gerechneten Maßstab (Anthropometrie). Dadurch werden die Relationen bestimmt, und der Mensch bleibt organisch.

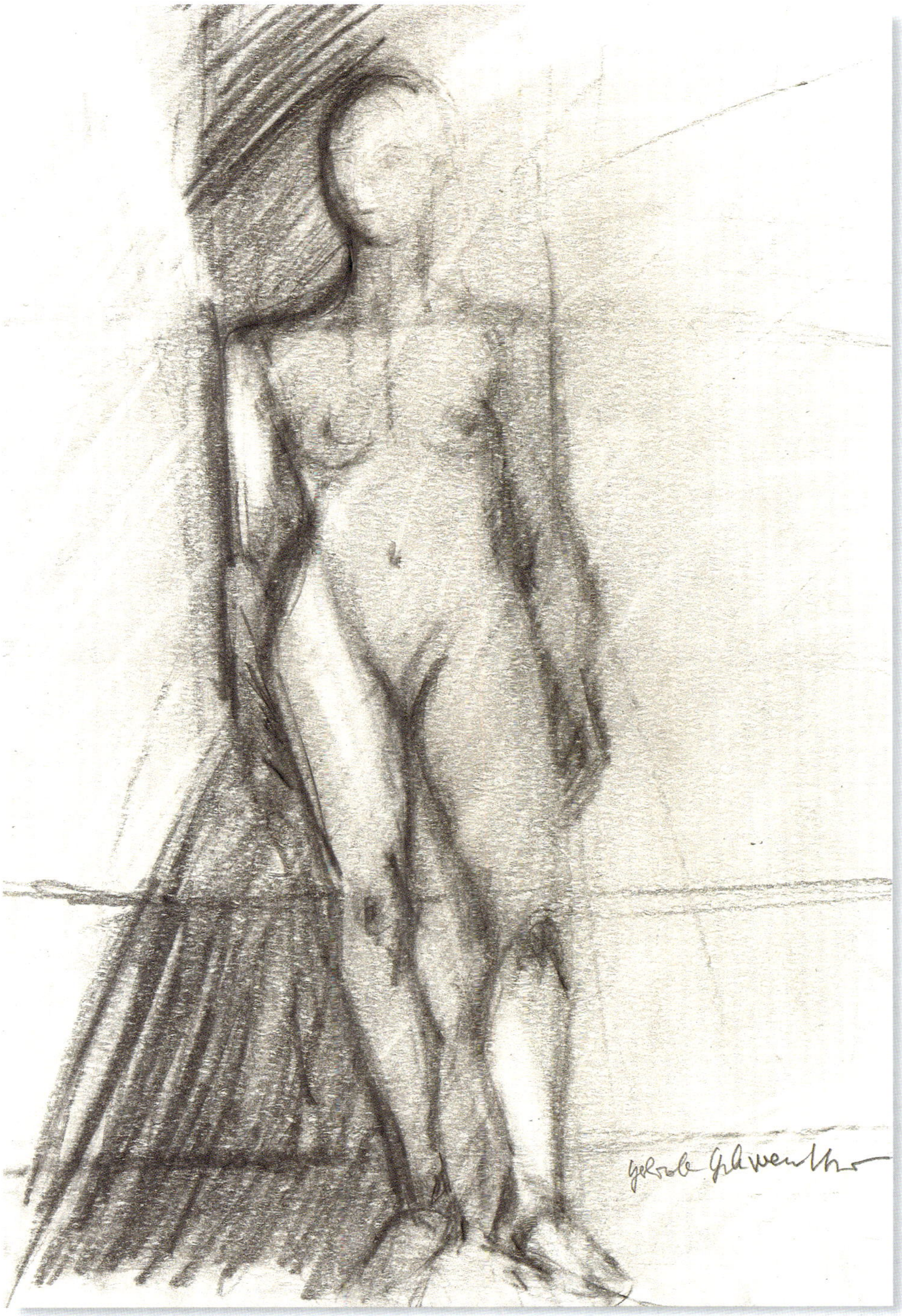

„Griechin“. Grafitstift.
Die klassische Spiel- und Standbeinstellung wird durch starkes Hell-Dunkel betont. Proportionseinteilungen sind teilweise sichtbar.

In der **römischen Kunst** beruft sich der Baumeister Vitruv (1. Jahrhundert v. Chr.) in seinen Schriften auf das griechische Proportionsideal. Und auf seine Richtlinien wiederum werden sich später die Renaissancekünstler, wie Leonardo da Vinci, Michelangelo usw., berufen.

Die antiken, „nach Augenmaß" entstandenen harmonischen Maßverhältnisse fließen auch in Architektur, Städtebau und Landschaftsgestaltungen ein. Der Mensch als Maß aller Dinge und keine absoluten Zahlen bleiben im Gestaltungswillen von Kunst, Politik und Wirtschaft ein viel zitiertes Ideal.

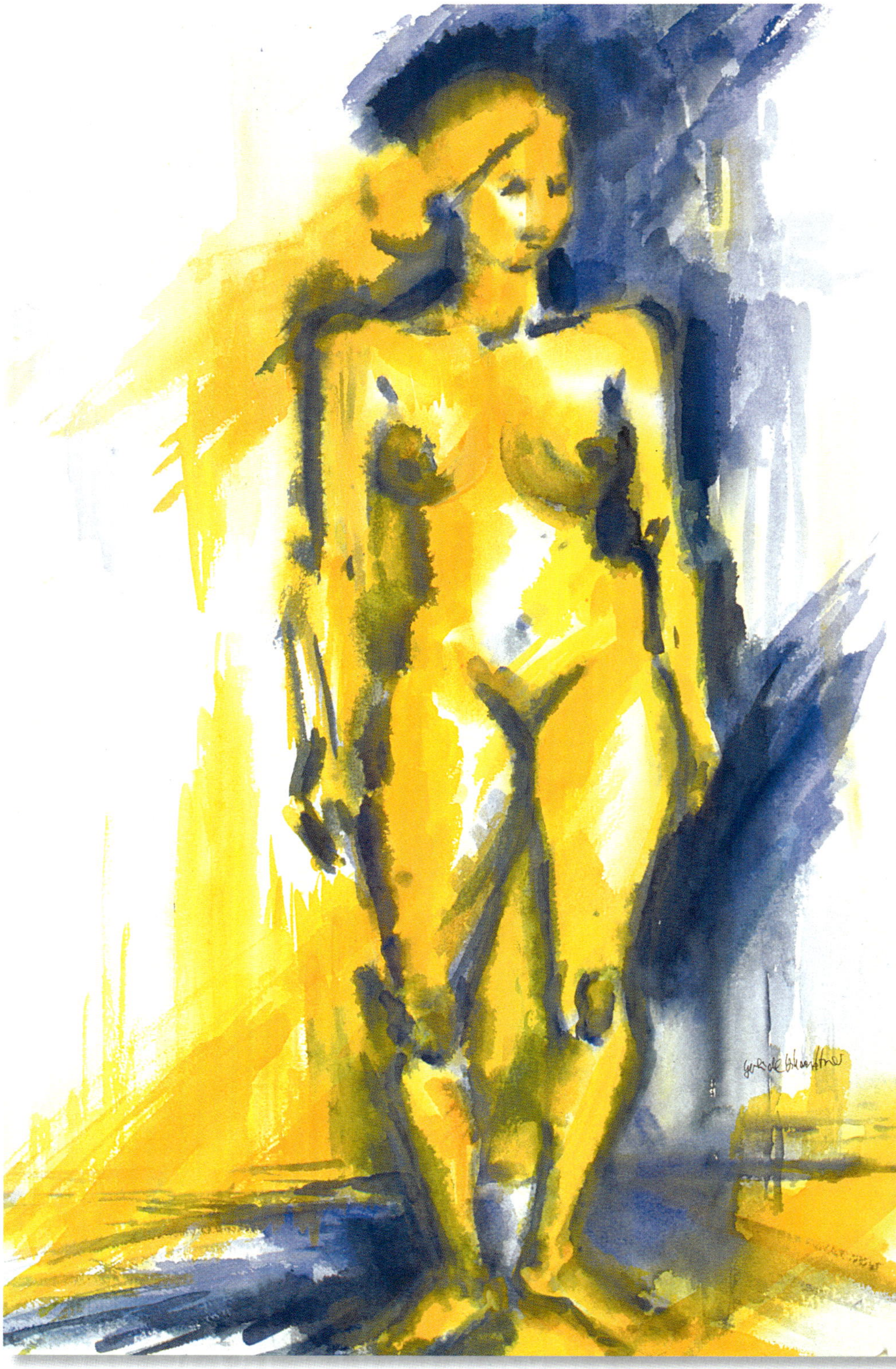

„Klassischer Frauenakt". Aquarell.
Für ein starkes Aktbild ist die einfache doch ungemein spannungsvoll-harmonische Ponderation als Motiv ausreichend.

„Akt und Architekturlinien". Aquarell. ▶
Die Bildkomposition besteht aus der Aktfigur und den linearen Bildteilungen, die die Körperproportion als Maßeinheit verwenden.

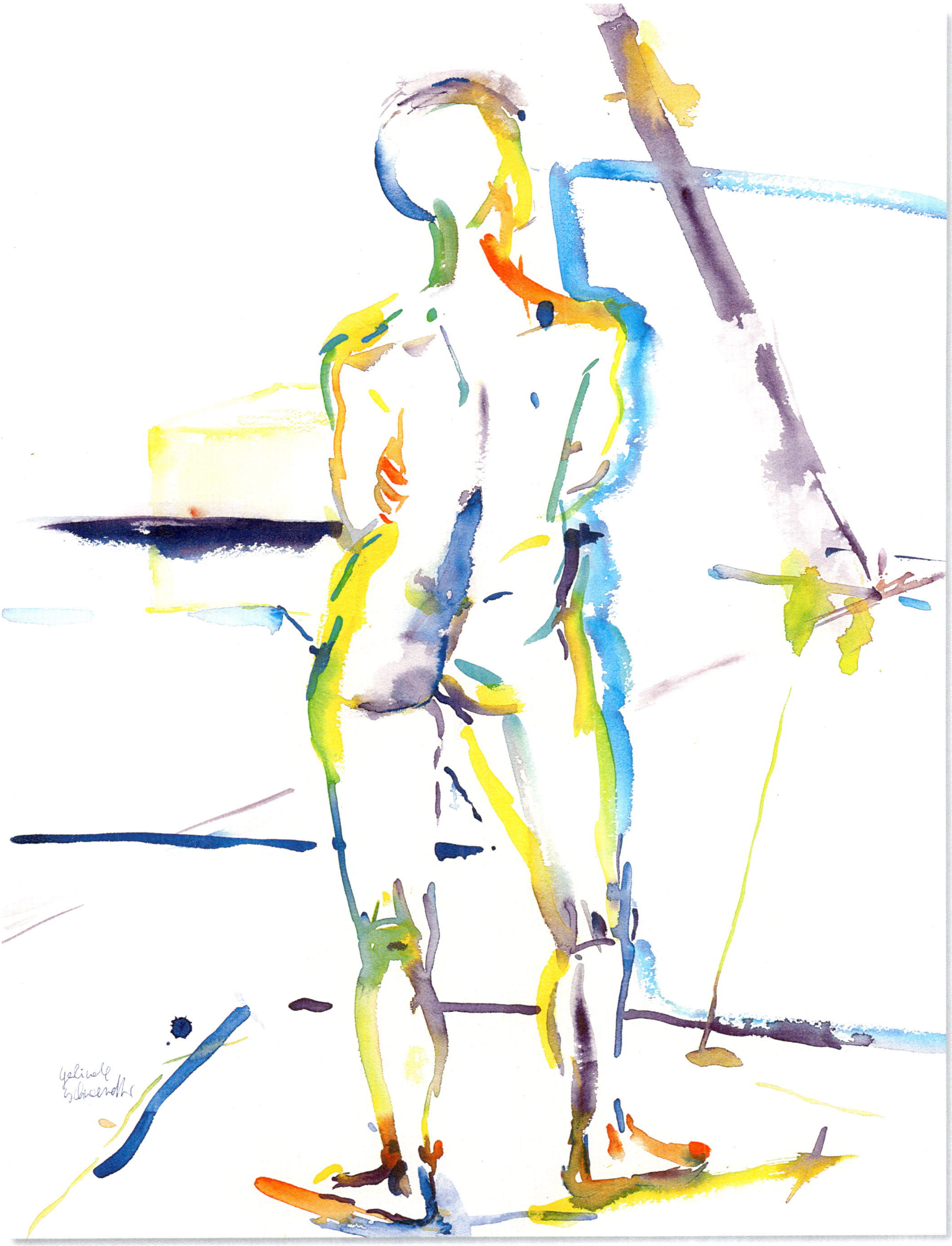

Die christlich-religiös bestimmte Kunst des **Mittelalters** im europäischen Kulturkreis zeigt mit einem anderen Menschenbild auch andere Proportionslehren. In flächenhafteren Bildern werden vor allem in den byzantinischen Nachfolgekulturen schematische Formeln verwendet. So soll z. B. ein ganzer Körper neun Gesichtslängen messen (Athoskanon). Diese Maßeinheit hält sich sehr lange. Auch werden in mystischen Bildern in den Proportionslehren auch Zahlen mit zusätzlichen Bezügen, z. B. zur Musik und zur Kosmologie, verwendet. Damit wird die Einheit des Menschen mit dem gesamten Weltbild betont.

In gotischen Proportionssystemen entstehen Liniennetze, die fast ornamental von außen über den Körper gelegt werden. Dreiecke, Vierecke oder Kreise überlagern die natürlichen Körperproportionen. Diese schematischen Formen werden in Musterbüchern weitergegeben. Aktfiguren werden nur in theologischen Themen dargestellt: Adam und Eva, Hölle, Fegefeuer und auch als Halbakt Christus am Kreuz.

Die **Kunst der italienischen Renaissance** verändert das Bild des Menschen nachhaltig und löst die auf das Jenseits bezogene Kunst des Mittelalters ab. Der Mensch als Individuum und die diesseitige Wirklichkeit werden nun als darstellenswert angesehen. Außerdem wendet ein gestärktes Selbstvertrauen der Künstler und Auftraggeber den Blick wieder direkt auf den Menschen. So wird die Verbindung von Antike und Christentum geschlossen. Der nackte Mensch und damit die organischen Proportionslehren der Griechen und Römer dienen der Kunst der Renaissance als Vorbild. Aus der natürlichen Betrachtung nackter Körper sollen empirisch ideale Verhältnisse

„Musterbild Ritter“.
Es gibt hier keine Messlinien, sondern Leitlinien, die die Bewegung des menschlichen Körpers andeuten. Dies ist eine geometrische Schematisierung der Maßverhältnisse (hier in Form von Dreiecken).

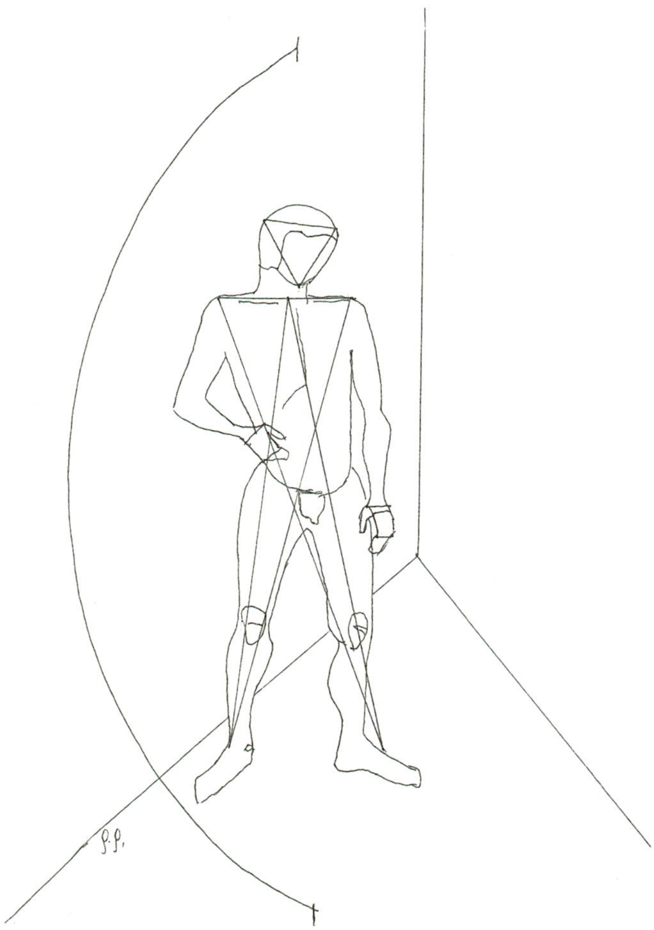

„Musterbild Leonardo da Vinci“.
So genannter Vitruvmann, um 1485–1490.
Im Analogieverfahren (vergleichendes Messen) werden die Körperverhältnisse gegliedert. Im Ordnungsschema des Kreises (Mittelpunkt ist der Nabel) werden Bewegungen in den Proportionsvergleich einbezogen.

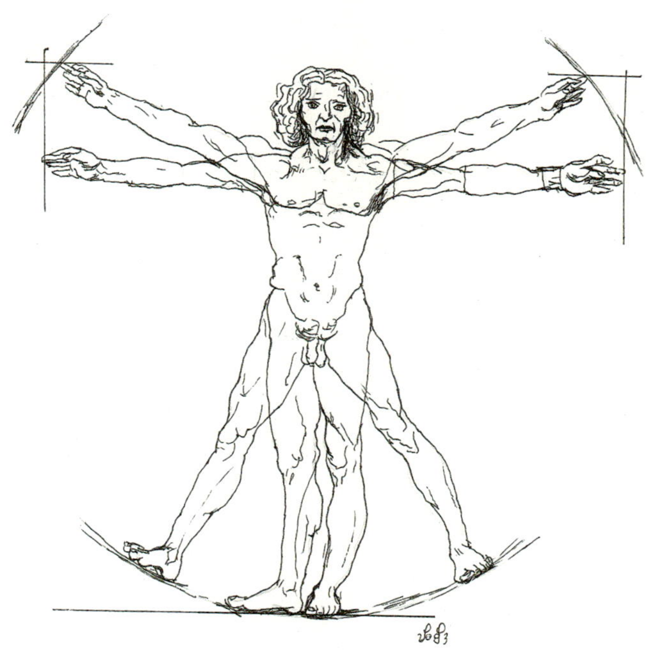

gefunden werden, und die Lehre der rechten Maßharmonien wird eine wichtige Grundlage des Menschenbildes. So erhalten in der Renaissance Symmetrie, Harmonie und ästhetische Vollkommenheit größte Bedeutung und werden metaphysisch bewertet. Leonardo da Vinci und Battisto Alberti beobachten den lebenden Menschen. Von „Idealfiguren“ werden Maße abgenommen und Länge, Breite und Tiefe des Körpers ermittelt. Aus den alten flächigen, rechnerischen Proportionsschemata wird ein dreidimensionaler, organischer Kanon, in dem auch Bewegung und Perspektive Beachtung finden und subjektives Sehen erlaubt ist.

In der Renaissance setzt sich vor allem Albrecht Dürer gründlich mit der Proportionslehre auseinander. Nicht Schönheit allein, sondern verschiedene Typen der Menschen in ihren regelhaften Proportionen sind Gegenstand seiner Forschung. Er erfasste bis zu sechsundzwanzig verschiedene Typen und katalogisierte Kinder und seltsame oder abnorme Figuren, worüber seine „Vier Bücher von menschlichen Proportionen“ genaue Auskunft geben. Die kleinste von ihm verwendete Maßeinheit – ein „Trümlein“ – misst 1 mm.

In der Exaktheit und Zeitlosigkeit seiner Proportionslehre kann Albrecht Dürer kaum mehr übertroffen werden. Alle folgenden Proportionslehren verändern bereits Erkanntes nur leicht.

Je bedeutender die Künstlerpersönlichkeit in den folgenden Stilen des **Manierismus**, **Barock** und **Rokoko** war, umso mehr brachte sie eine subjektive Sicht der menschlichen Maßproportion ein, z. B. überlängte Figuren im Manierismus oder perspektivische Untersichten im Barock.

„Musterbild Dürer“.
Figur aus der „Proportionslehre“ um 1528. Die Konstruktion der Figur wird organisch gegliedert. Im Vergleich von gleichen oder ähnlich langen Teilen wird anhand lebender Modelle Ordnung und Systematik gesucht.

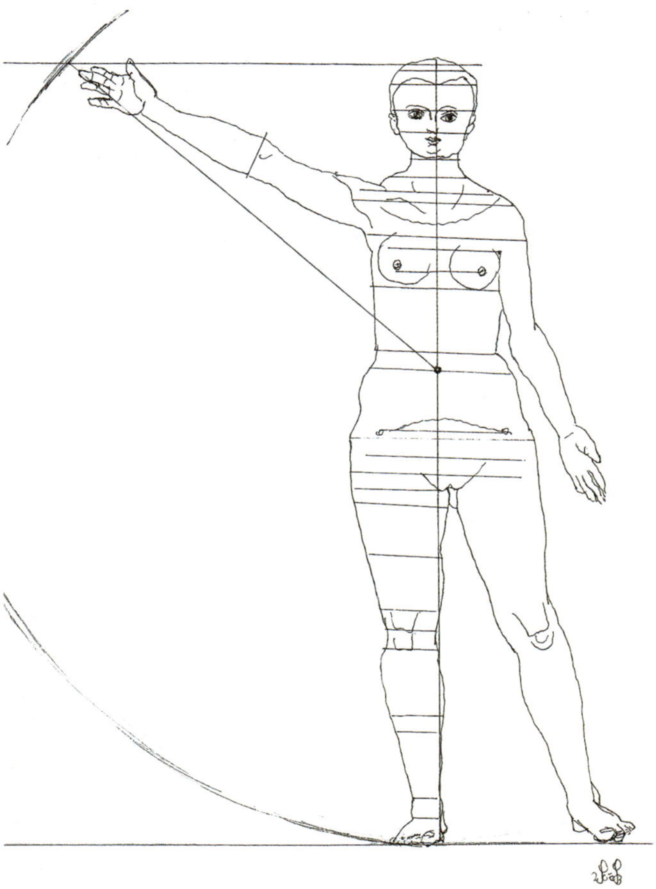

„Bewegung“. Kohle.
Bewegung und Perspektive vereinen sich in diesem Akt und weisen in den Bildraum hinein. Der Eindruck, dass sich die Figur in Bewegung befindet, wird durch die parallel gezeichneten Körperkonturen verstärkt.

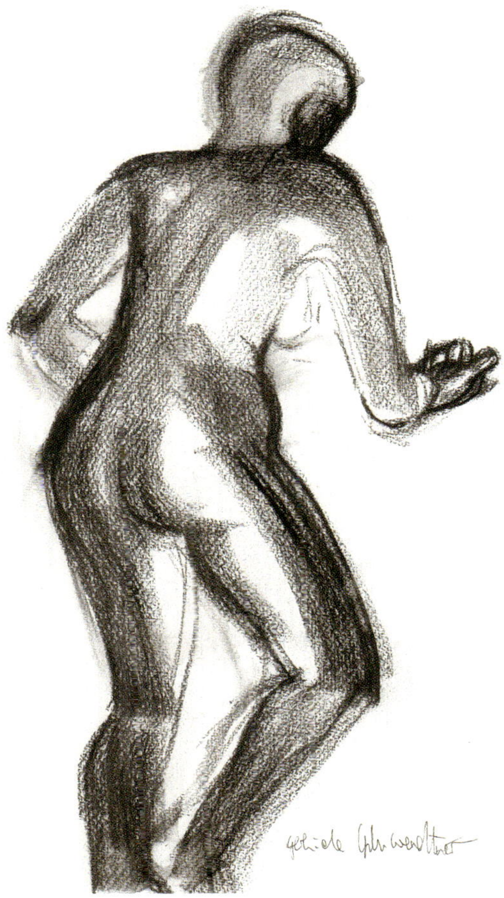

Die **Kunst des 19. Jahrhunderts** trägt der Tatsache Rechnung, dass sich das Leben der Menschen in vielen Bereichen veränderte. Wissenschaft, Erfindungen, technische Erneuerungen, schnellere Kommunikationsmöglichkeiten wandelten in dieser Zeit sowohl das Weltbild als auch die Arbeitswelt.
Künstler werden individueller, und ihre Kunst wird vom Publikum immer weniger verstanden. Künstler und Betrachter entfremden sich, und subjektive Standpunkte und unterschiedliche Bildbotschaften verschiedener Stilrichtungen entstehen nebeneinander.
Das Menschenbild wird expressiver. Die Grundlagen für den Stilpluralismus werden auf die Uneinheitlichkeit der neuen Existenzmöglichkeiten des Menschen zurückgeführt. Zudem schwindet die gemeinsame Basis durch Religion und Staatsformen. So verschiedene Stilrichtungen wie Expressionismus und Impressionismus sind bis heute impulsgebende Darstellungsmöglichkeiten.

Im folgenden Jahrhundert verstärken sich die lebensverändernden Einflüsse auf den einzelnen Menschen, und das kommt in der **Kunst des 20. Jahrhunderts** zum Tragen. Die Gebundenheit an allgemeingültige Lebensformen gibt es nicht mehr. Der Einzelne verliert das Eingebettetsein in einen Glauben und eine Kultur. Werte können frei gewählt werden, und die Künstler drücken dies in subjektiv-individuellen Maßverhältnissen der Menschendarstellung aus. Neue Bezugspunkte ergeben sich, und der Fortschritt in Technik, Physik, Biologie, Medizin und Psychologie bewirkt neue Bedürfnisse, Ängste und Vernetzungen des Menschen. Positiven Aspekten der wissenschaftlichen Entwicklungen stehen gegensätzliche, problematische Möglichkeiten gegenüber. In diesem Zwiespalt gibt es für den Künstler kein klares, überschaubares Menschenbild mehr. Einflüsse aller Weltreligionen und -kulturen lassen Normen und Maßstäbe wanken. Mit diesem geistigen Hintergrund wird das Bild des nackten Menschen hilfloser, zerrissener, aber auch aggressiver und abstrakter. Die Schönheit als glattes, funktionierendes Werbemittel wird von den Künstlern immer kritischer betrachtet.

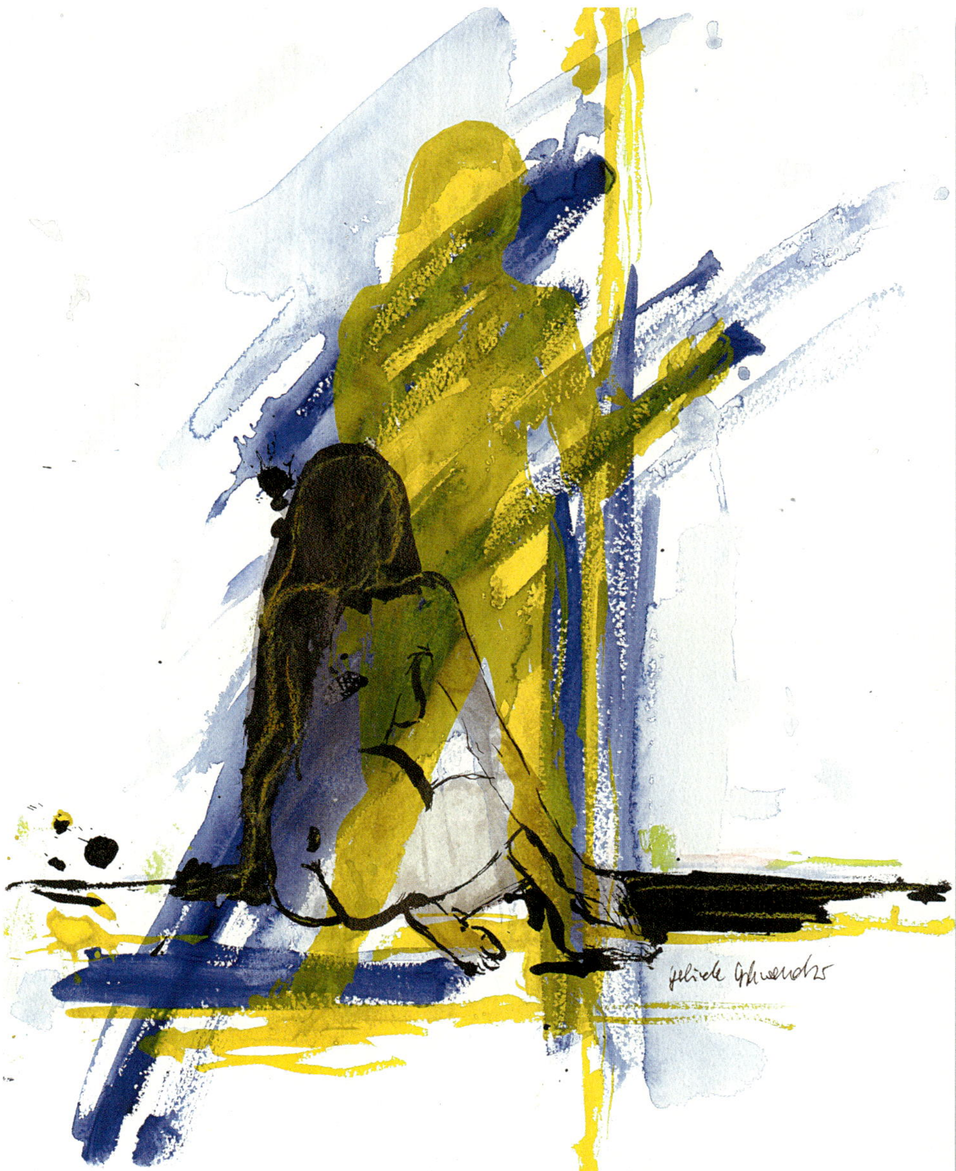

„Gelber Schatten". Mischtechnik: Tusche, Aquarell, Öl, Kreide.
Die Figurenkomposition in der Bildmitte lässt freie Assoziationen zum Inhalt zu.

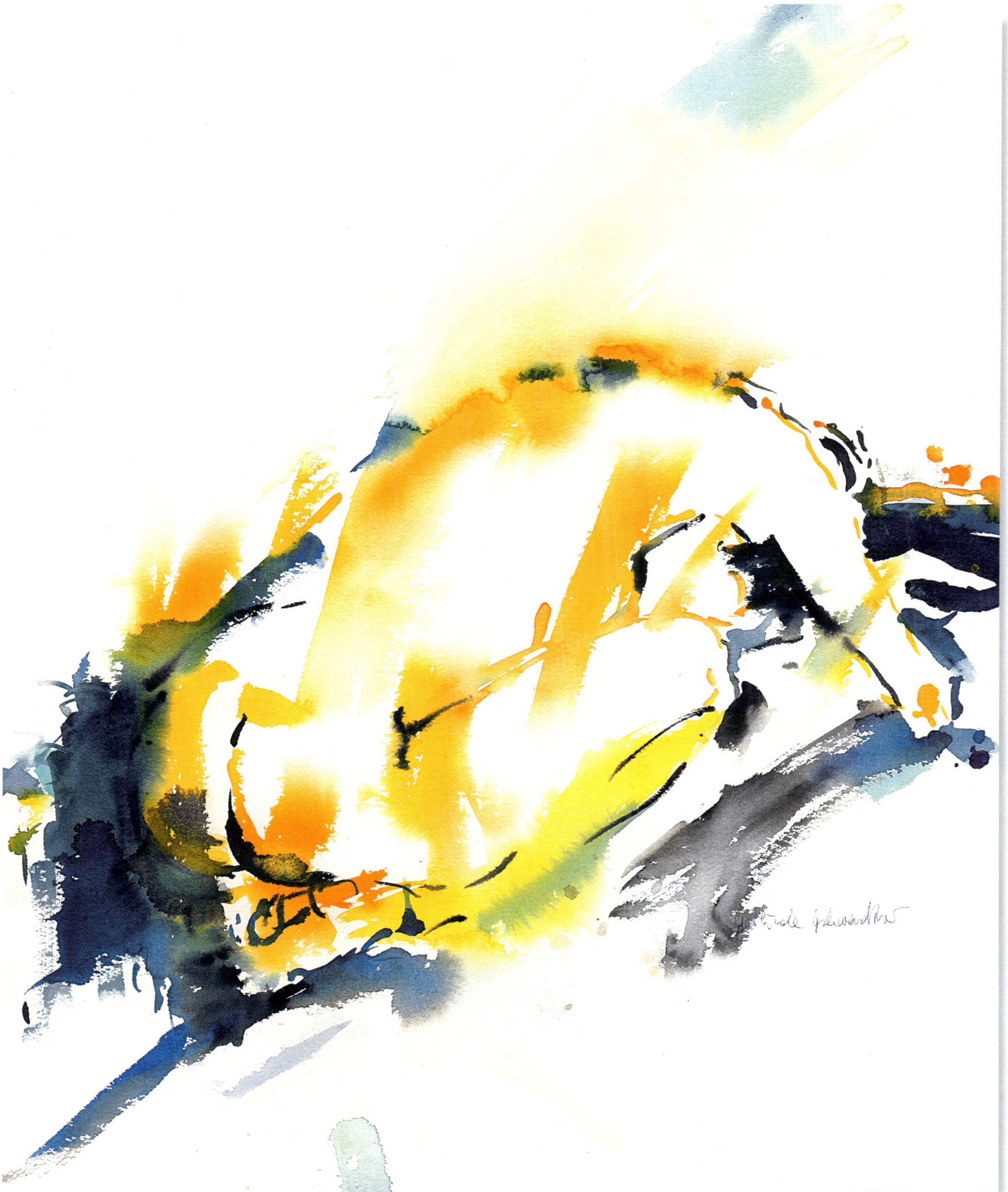

„Rückenakt". Aquarell.
Die expressive Aktgestaltung lässt dem Betrachter wenig Anhaltspunkte zur Figur. Wesentlich ist die Farb- und Formkomposition des Körperovals.

In digitalen Darstellungen von Menschenbildern durch Film, Foto, Fernsehen und Internet kann das Bild des Menschen unsichtbar manipuliert werden. Neue Darstellungsformen in der Kunst, wie Installationen, Konzeptkunst oder Körperaktionismus und Performance, nehmen eine direkte Beziehung zum Menschen auf und binden den Betrachter in die Gestaltung mit ein. Im Surrealismus zeigen sich Bewusstseinsschichten vom Unter- und Unbewussten und verzerren gewohnte Proportionen.
Abstraktionen vom Menschenbild führen den Betrachter in subjektive Wertungen der Darstellung ein. Der Betrachter wird immer mehr gefordert, und der Künstler gibt seinen eigenen Weg vor, dem man folgen kann oder auch nicht. Das Menschenbild in der Kunst wird so zum Abbild der Informationsgesellschaft von heute und morgen.
Trotz dieser scheinbaren Beliebigkeit des „Alles ist möglich" ist die Gestaltung eines Bildes und des Menschen nach wie vor an die Bedingungen der darstellerischen Mittel gebunden. Auch die subjektive Gestaltungsfreiheit setzt die Wahrnehmungskriterien nicht außer Kraft.
Dieser kurze Überblick zu den Proportionsregeln in der Stilgeschichte ist notwendig, um die Verbundenheit des dargestellten Menschenbildes mit Religion, Kultur und sozialer Bedingung zu zeigen. Die Darstellung des Aktes erfährt ihre Aussagekraft auch durch diese Hintergründe. In der Kunstgeschichte wird klar aufgezeigt, dass Mensch und Umfeld nicht zu trennen sind. Viele Sehgewohnheiten der Künstler und Kunstbetrachter gehen in der Bewertung des menschlichen Aktes auf diese verschiedenartigen Proportionsregeln zurück. Wann immer heute Menschen dargestellt werden, schwingt in leisen Untertönen das kunstgeschichtliche Wissen der Vergangenheit mit.
Für die Künstler gehören deshalb diese Kenntnisse zu den vertiefenden Grundlagen ihres schöpferischen Gestaltens.

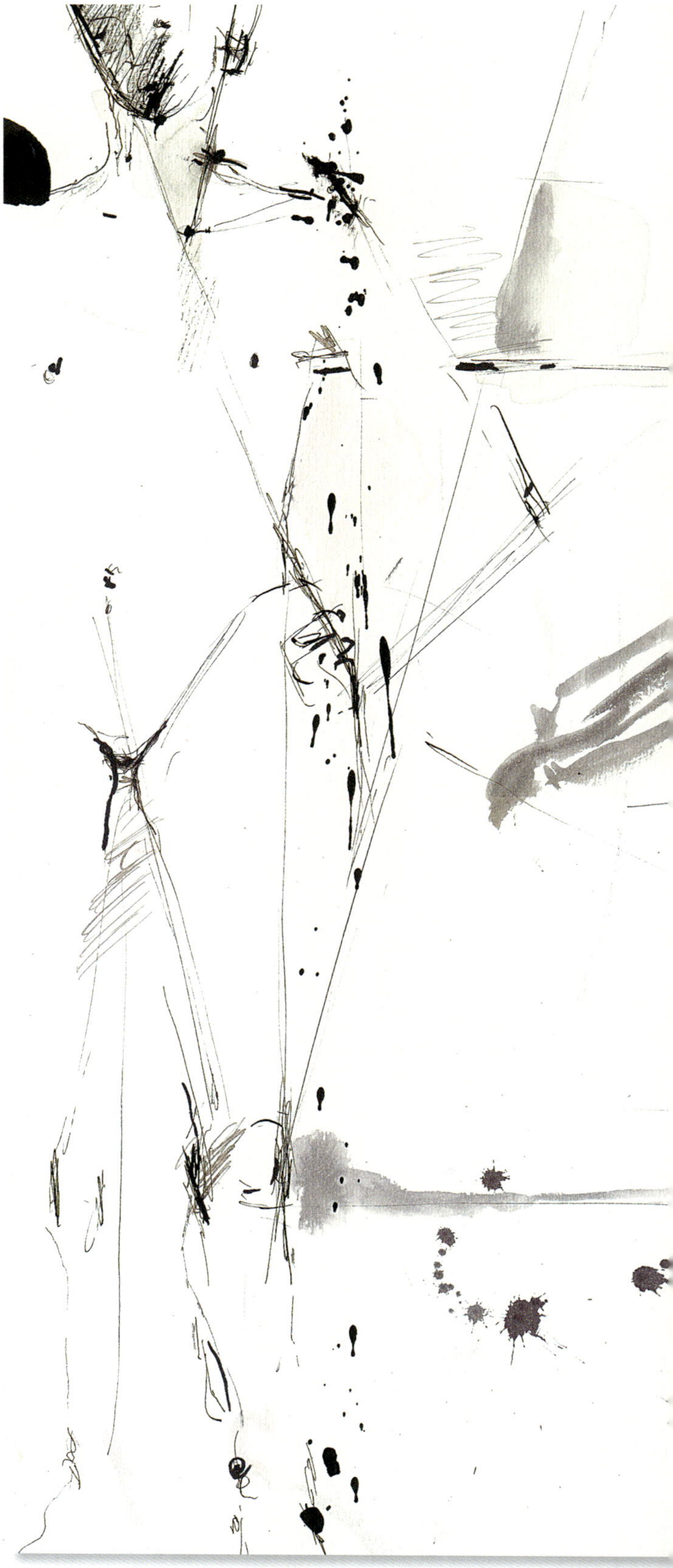

„Surreale Akte". Tusche.
Der Mensch in einem weiten traumhaften Bildzusammenhang lässt verschiedene Botschaften zu.

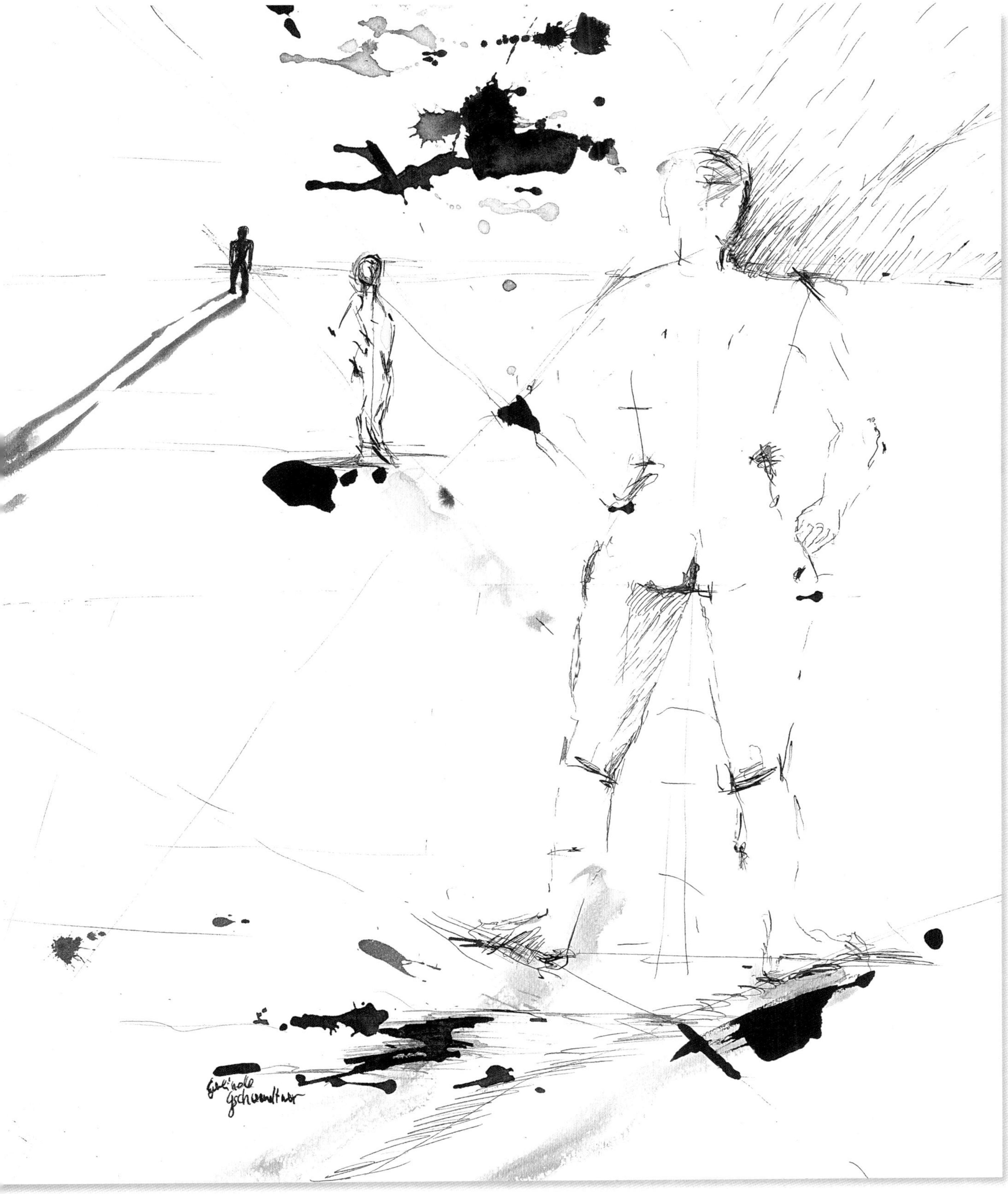

Das Studium des menschlichen Körpers

Der Künstler lernt im Studium des menschlichen Körpers Proportionen, Farben und Formen, die ganzheitliche Erscheinung und die Körpersprache mit Mimik, Gestik und Motorik kennen. Die geistige und seelische Haltung drückt sich im Körper aus. So wird durch die Beobachtung nicht nur ein Bild gestaltet, sondern der Künstler kann auch an Menschenkenntnis dazugewinnen.
Der scharfe Blick des Zeichners und Malers muss körperliche Botschaften über Linien, Flächen und Maßverhältnisse festhalten. Ein oberflächliches Anschauen genügt keinesfalls, denn in der Menschendarstellung ist mehr als ästhetisches Wollen gefragt – nämlich Verständnis für die Befindlichkeit des Menschen in seiner vernetzten Welt. Die genaue Betrachtung zu schärfen ist mit einem Arbeitsprozess verbunden. Es gibt gute Wege, um den menschlichen Körper für eine künstlerische Umsetzung im Bild zu studieren:

Motivwahl

Die bloße Übersetzung eines nackten menschlichen Körpers in ein Bild lässt noch kein Kunstwerk entstehen. Es ist ein großer Irrtum, zu denken, je schöner das Modell, umso besser das Bild! Denn die pure Abbildung des Körpers, genau zusammengefügt wie in einem Puzzle, ergibt nur eine Summierung beobachteter Einzelteile. Ein Bild muss die Aussagekraft durch ein ganzheitliches Seherlebnis erbringen. Dadurch sollen viele Erlebnisschichten im Betrachter angesprochen werden. Dabei ist es aber nicht unbedingt erforderlich, viele verschiedene Aktmodelle abzuzeichnen, denn es geht im Bild nicht nur um die Verschiedenheit der Menschen in der Realität, sondern um ein schöpferisches Gestaltungserlebnis. Daher liegt es nur am Künstler, durch seine Aussagekraft viele menschliche Dimensionen bildlich erkennen zu lassen. Theoretisch kann auch an einem einzigen Modell die ungeheure

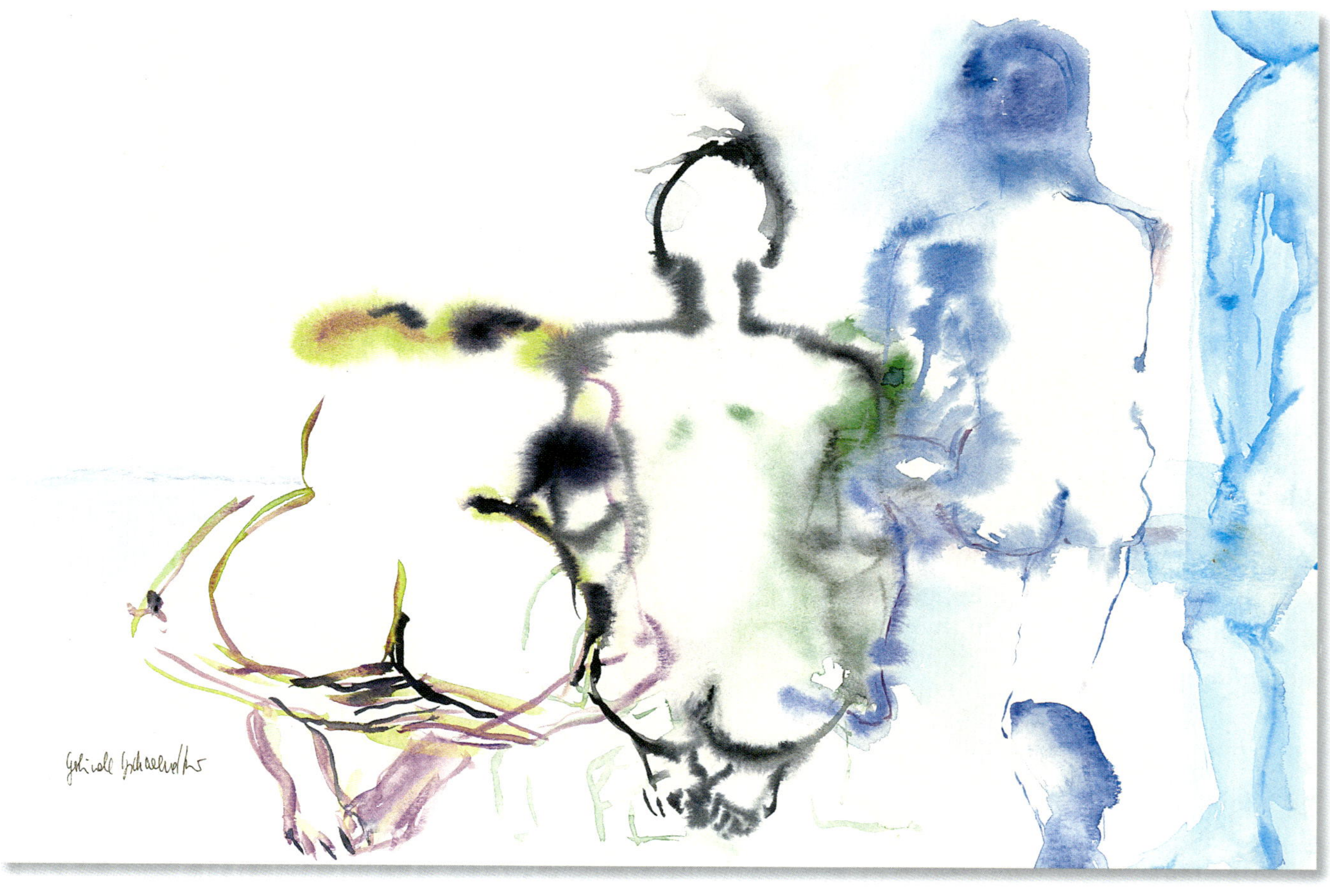

„Rücken". Aquarell.
Die Rundformen in der Basis geben den Diagonalen in der Kopflinie eine stabilisierende Wirkung.

Vielfalt der Betrachtungs- und Darstellungsmöglichkeiten erfasst werden. Der Vorteil verschiedener Modelle ist, dass sie bereits über ihre unterschiedliche Körperlichkeit bestimmte Bildaussagen mitbringen. Es ist schwierig, in starken Rundformen konstruktive Linien zu erkennen, oder nach durchtrainierten Körpern weiche Körperlandschaften zu malen. Die Charakteristik eines Aktes soll respektiert werden!
Auch kann man für die Darstellung zwischen einem nackten oder ausgezogenen Menschen unterscheiden. Der nackte Mensch bringt in seiner klaren, unverhüllten Körperlichkeit andere Botschaften zur Wirkung als ein ausgezogener, entblößter Leib, bei dem noch das eine oder andere Verhüllungsteil die Blöße betont. Die Darstellung von nackten oder ausgezogenen Menschen bedingt sensible Gestaltung, um nicht dümmlich oder derb zu wirken.
Ein lebendes Modell ist die beste Gelegenheit, um einen unmittelbaren Eindruck zu erhalten. So kann vom dreidimensionalen Raum die Körperlichkeit des Akts auf das zweidimensionale, flächige Bild übertragen werden. Denn während des Betrachtens und Übertragens ergibt sich bereits spontan eine Betonung der Schwerpunkte im Bild.
Das Verwenden eines Fotos als Vorlage verhindert diese reizvolle Dimensionsübersetzung. Die Übertragung vom flachen Foto auf das flache Bild reduziert bereits viele Details und persönliche Perspektiven. Eine Ausnahme bildet das Malen mit eigenständigen Farben, die ein Bild unabhängig von Lichtreflexen aus der gesehenen Wirklichkeit machen.
Plastische Statuen als Arbeitsvorlage sind interessant, jedoch verliert sich auch hier viel von einer persönlichen Wertung, da ja bereits eine gestaltete Vorlage vorhanden ist.
Dagegen sind jedoch Selbstportraits vor dem Spiegel empfehlenswert, denn das Modell ist immer verfügbar!

Skizzen

Schnelle Skizzen bringen dem Künstler eine sichere Hand. Seine individuelle Handschrift hält den unmittelbaren Augenblickseindruck einer menschlichen Figur fest, denn in der schöpferischen Spontaneität der Skizze liegt viel Freiheit. Skizzierte Bildanlagen haben auch für den Betrachter einen hohen Reiz. Manchmal erscheinen Skizzen sogar ansprechbarer als mühsam gefertigte Arbeiten. Skizzen der Figur in verschiedenen Positionen sind immer wieder eine Pflichtübung des Künstlers. Sie bleiben im visuellen Gedächtnis gespeichert und sind bei Bedarf abrufbar. Gedächtnis- und Erinnerungsbilder haben diese inneren Vorlagen.
Skizzen sollten in verschiedenen Darstellungstechniken ausgeführt

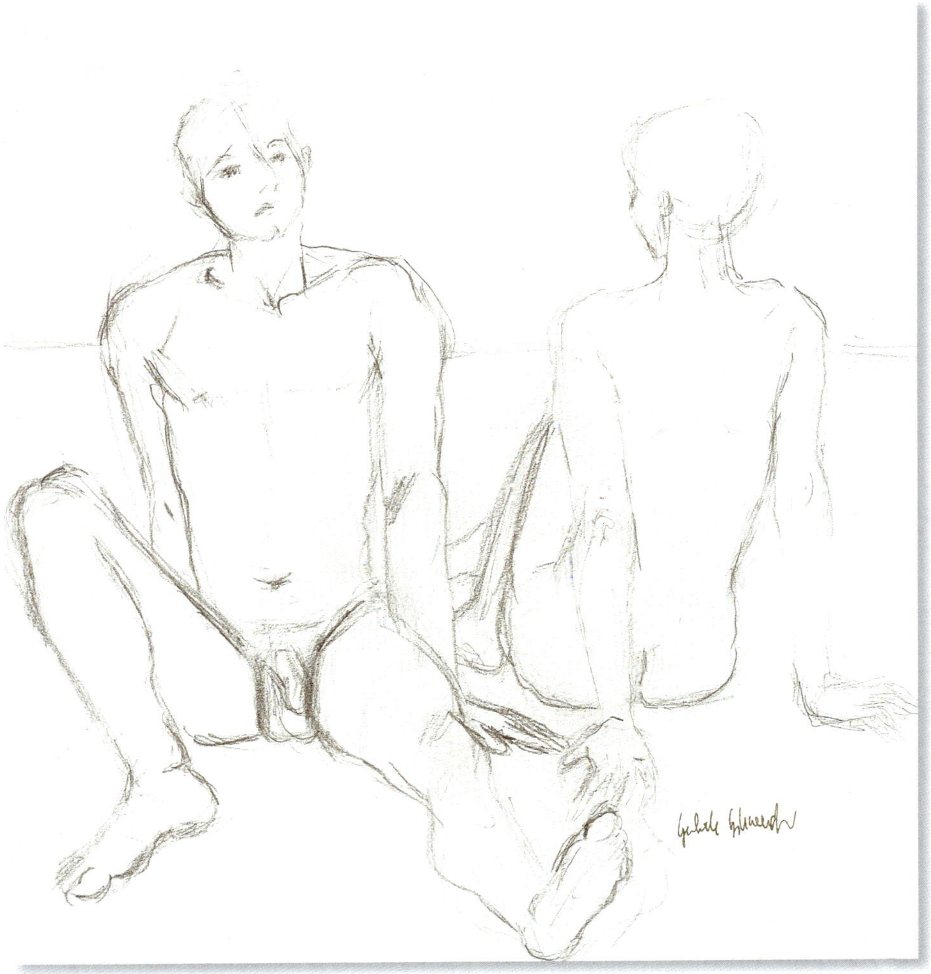

„Zwei Figuren". Bleistift.
Realistische Skizze von zwei Aktfiguren.

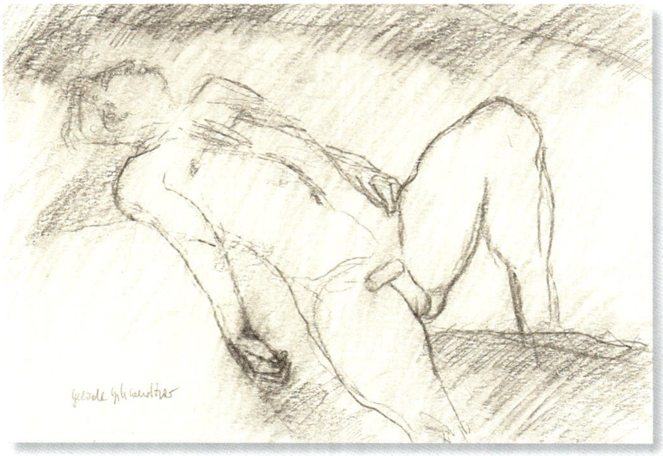

„Relax". Bleistift.
Die entspannte Körpersprache wird skizzenhaft erfasst und dargestellt.

werden, denn andere Techniken bedingen unterschiedliche Betonungen und Schwerpunktsetzungen auf Linien, Umrisse, Flächen, Licht, Schatten und Farben. Schnelle Bewegungsskizzen mit verschiedenen Materialien schärfen das Proportionsgefühl. So sind diese flinken Übersichtsgestaltungen ein hervorragendes Fundament zur Selbsterfahrung der eigenen künstlerischen Handschrift, weil unter Zeitdruck jeder mit seinem ureigensten Duktus arbeitet. Zufälligkeiten dürfen beim Aktzeichnen und -malen eingebaut werden, und dadurch entstehen oftmals besonders ansprechende Blickfänge.
Bedeutsam für die weitere Entwicklung von ausdrucksstarken Bildern sind **verschiedene Perspektivpositionen**. Verkürzungen sollen stilsicher dargestellt werden, und Extremverkürzungen zwingen zum intensiven Beobachten von Formen und Proportionen.

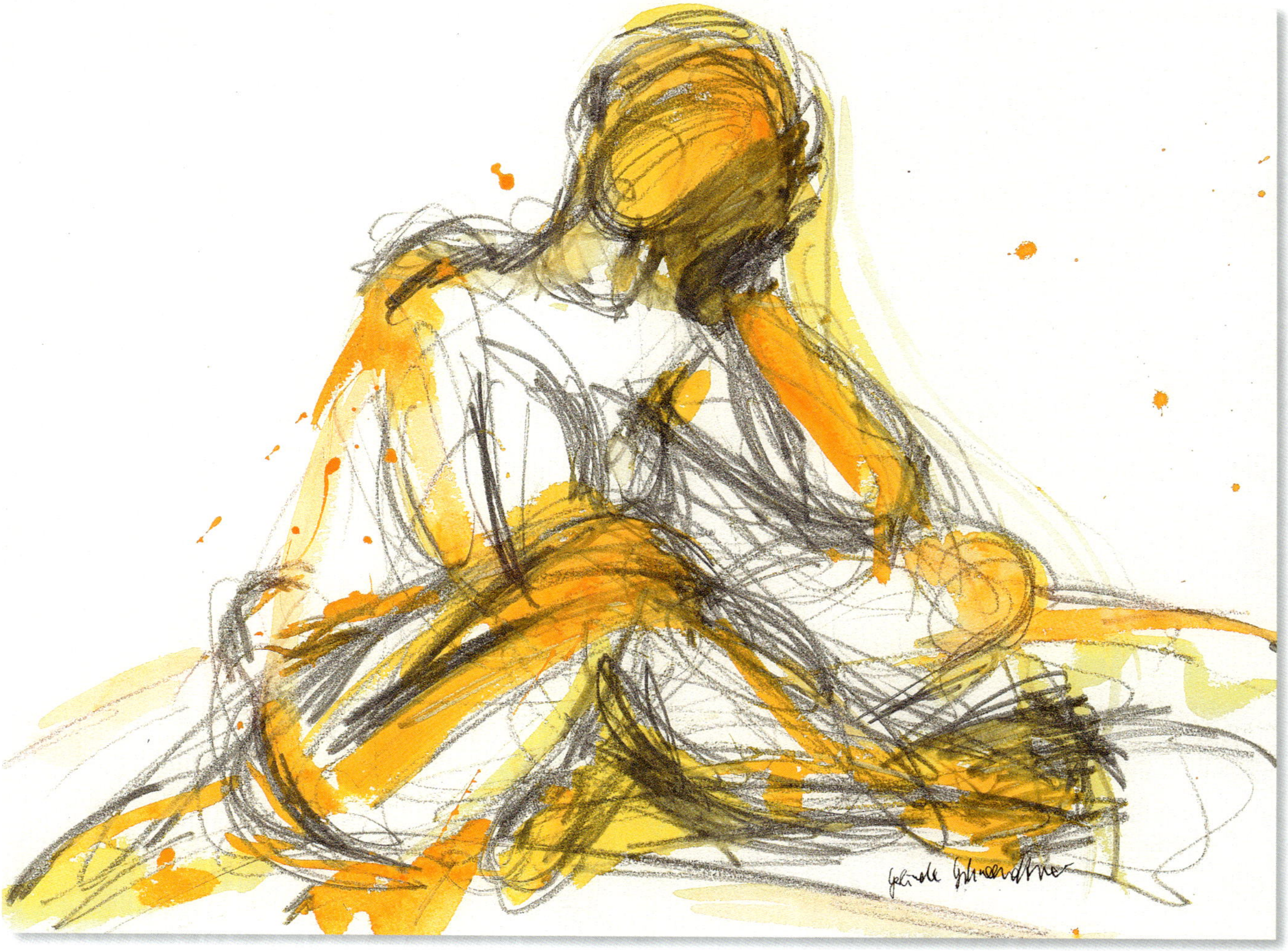

„Hockende". Bleistift, Aquarell.
Schnelle Striche vermitteln ein spontanes Erfassen der körperlichen Rundformen.

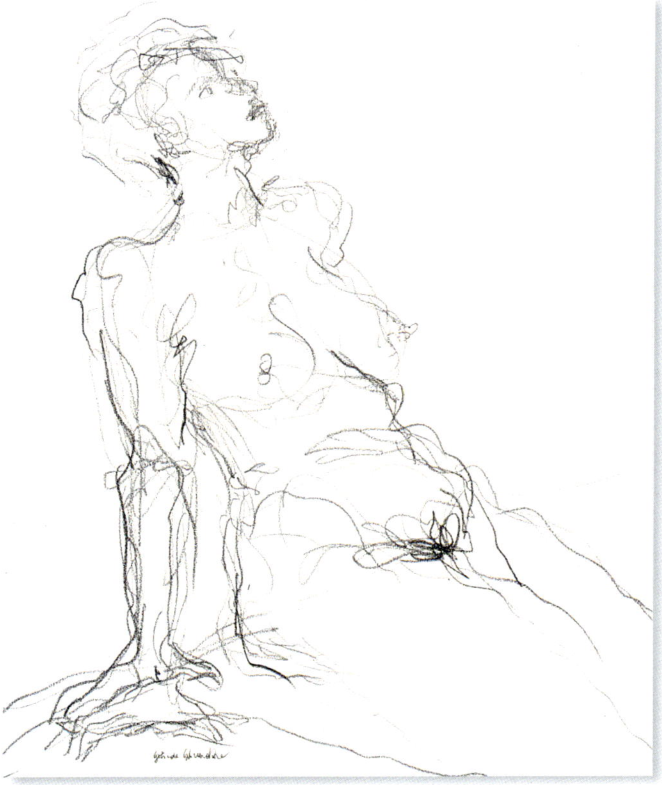

„Knieende". Bleistift.
Der Körper wird in suchender Gestik skizzenhaft umschrieben.

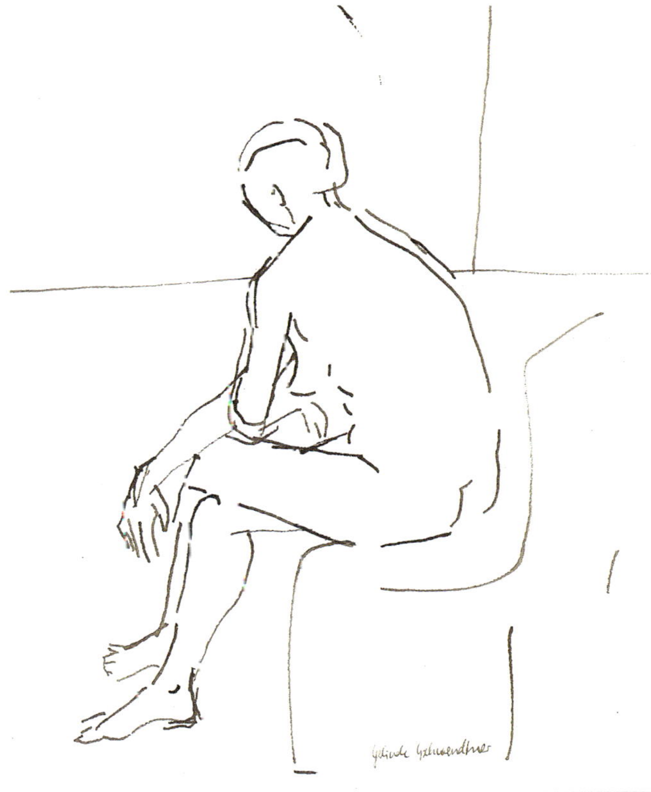

„Sitzende". Tusche, Feder.
Mit sicheren Linien wird der Körper in den Raum gesetzt.

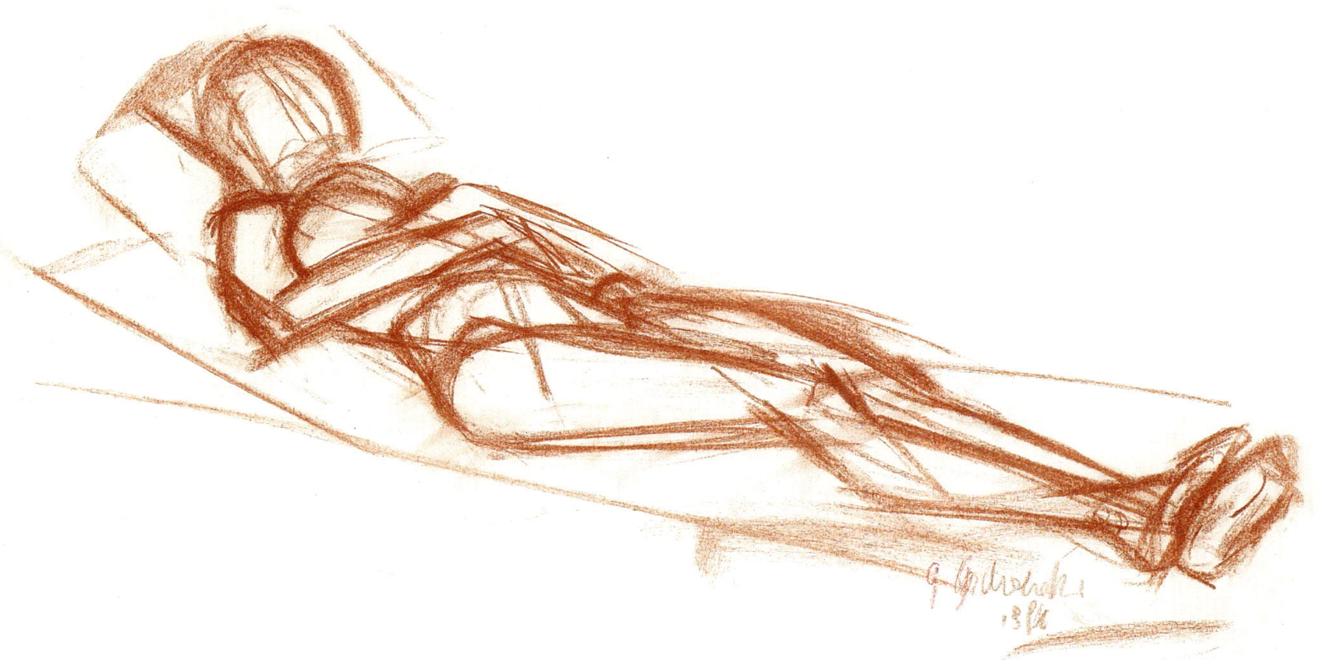

„Liegende". Rötel.
Konstruktivistische Skizze von einem liegenden Akt.

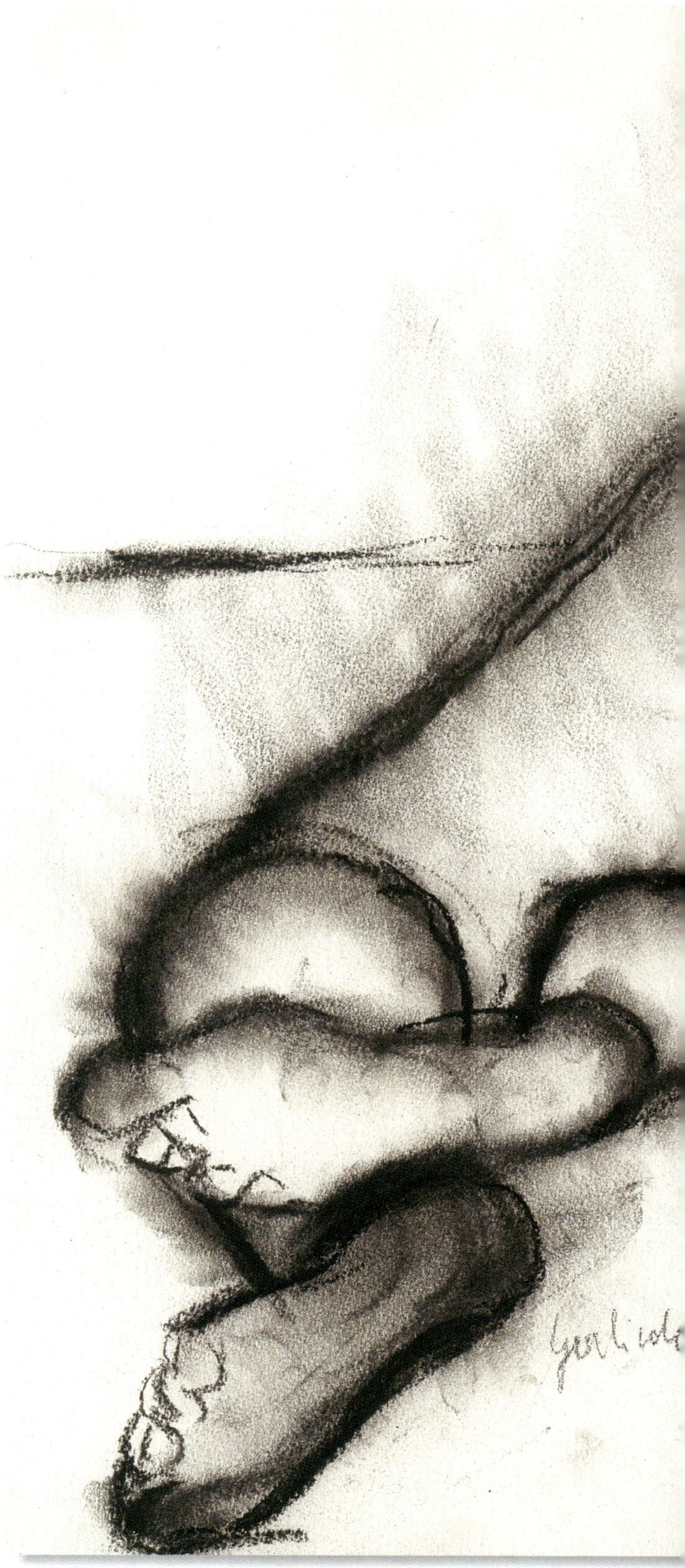

„Liegender Akt". Kohle.
Die Skizze ist ein Übergang zum ganzheitlichen Bild. Der Ausdruck ist in der starken Verkürzung und der Figuren-Grund-Komposition gelöst.

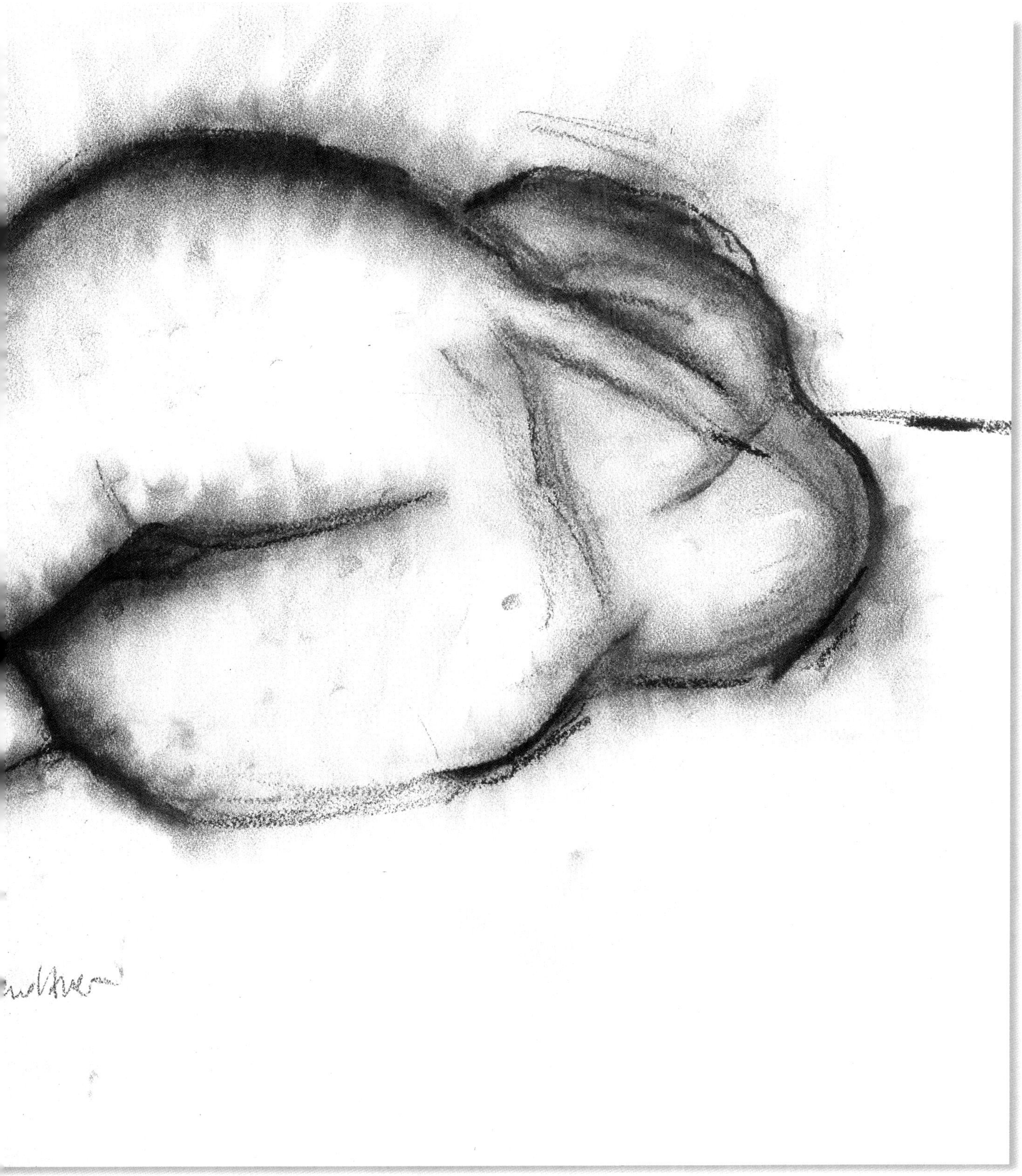

Studien

Bei der künstlerischen Aktdarstellung sollte primär das ganzheitliche Bild beachtet werden. Die Bildaussage entsteht niemals durch Details. Der Blick umfängt zuerst das Ganze mit seiner Farbstimmung, seiner Linien- und Flächendynamik und seinen Kompositionsformen. Das Gesamte allein leitet die Bildbotschaft weiter.

Detailstudien dürfen nicht für das Ganze stehen, auch wenn die Darstellung noch so künstlerisch ist. Auch hervorragende Details ergeben in der Summe keine dem Medium Bild gemäße Stileinheit. Im Einzelnen sind Detailstudien jedoch sehr notwendig. Sie bieten dem Künstler durch genaue Naturbeobachtung einen Grundstock des Wissens um Einzelheiten eines Körpers. Erst wenn über Detailstudien das ganze System der Proportionen, der Körperlandschaften und funktionalen Körperarchitekturen erfahren wird, ist die Gewähr für eine verdichtete Menschendarstellung gegeben. Denn ohne **Naturstudien** werden die Bilder schematisch. Die unvorstellbare Vielfalt an Möglichkeiten, Farben und Formen an verschiedenen Menschenfiguren zu erkunden, gibt dem Künstler einen Reichtum an visuellen Erfahrungen.

Erst wenn die Einzelheiten des menschlichen Körpers zeichnerisch und malerisch präsent sind, kann man weitergehen und Schwerpunkte setzen oder nach subjektiver Empfindung Wesentliches von Unwesentlichem trennen und damit Abstraktionswege beschreiten.

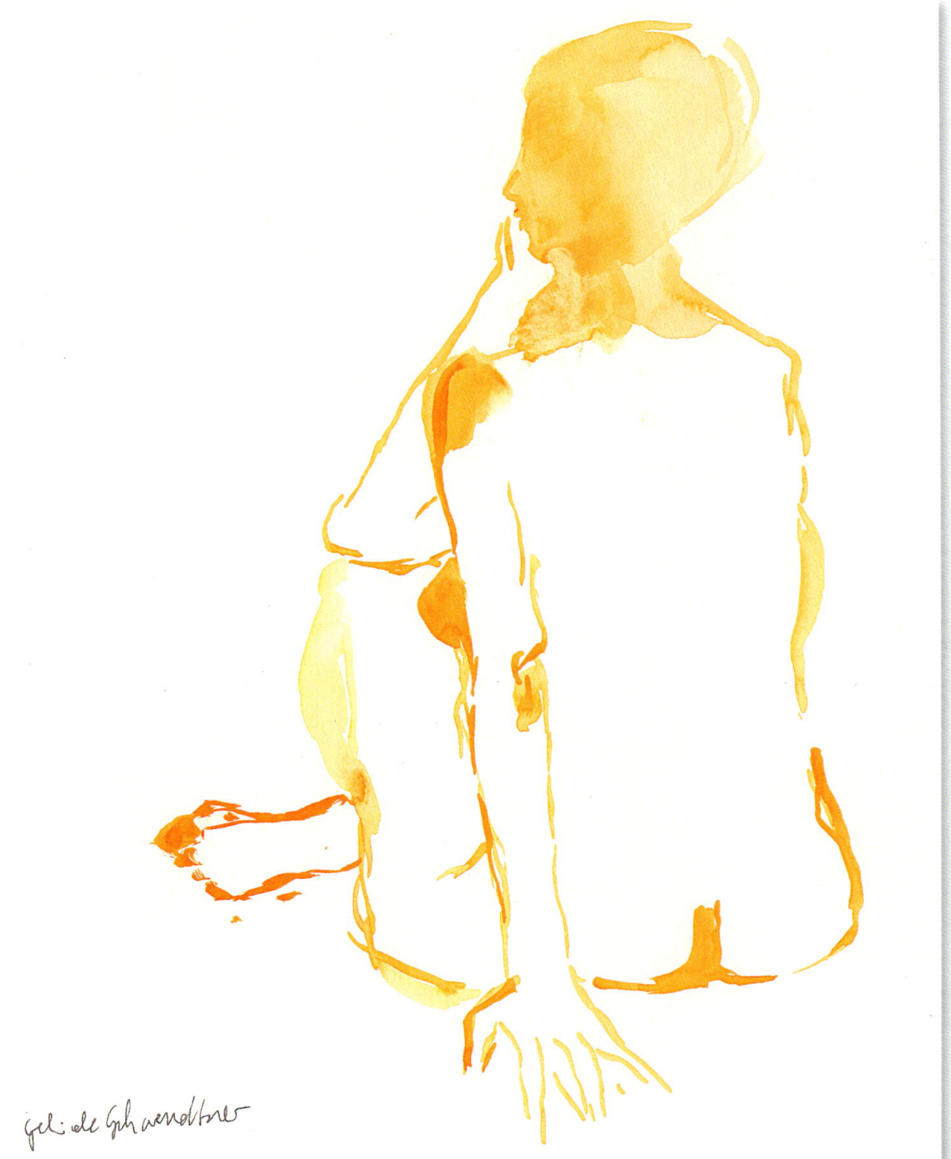

„Sitzende in Gelb". Aquarell. *Die auf klare Umrissformen reduzierte Aktstudie in warmen Farben genügt für die Bildaussage.*

Jeder Künstler hat in seinem Schaffensprozess zahllose Skizzen und Detailstudien verworfen und wieder neu begonnen. Diese Versuche zeigen das Ringen um Einzelformen, die im gesamten Bild integriert werden müssen. Daher sind die Skizzenbücher großer Künstler äußerst sehenswert.

Im neunzehnten Jahrhundert waren in den Akademien **Fußstudien** eine absolute Pflicht, denn ohne sichere Fußformen gibt es kein Stehen; die Figuren scheinen wegzufliegen. Im Fuß wird die Schwerkraft der Figur sichtbar, und er gehört damit zur anspruchsvollen, natürlichen Besonderheit des Menschen.

Die Gestik hat für das Bild einen besonderen Aussagewert. Sie fängt den Betrachter spontan ein und hält den Blick fest. Handbewegungen führen als Kompositionselement durch das Bild und schaffen Verbindungen im Bildgeschehen. **Handstudien** gehören daher zu den Grundlagen menschlicher Darstellung. Auch wenn Hände oft nur angedeutet werden, müssen die minimalsten Linien und Punkte richtig platziert sein. Besonders das Größenverhältnis von der Hand zum Körper zeigt Kenntnisse.

Auch **Hautstudien** sind in gründlichen Einzelstudien der Beleuchtungsreflexe, Oberflächenstrukturen und Licht- und Schattenfall die Aufmerksamkeit des Künstlers wert. Unterstützende Anschauung und Wissen um die Funktionalität des Körpers geben Studien der **Künstleranatomie**. Dadurch gewinnen bewegte Figuren natürlichen Rhythmus.

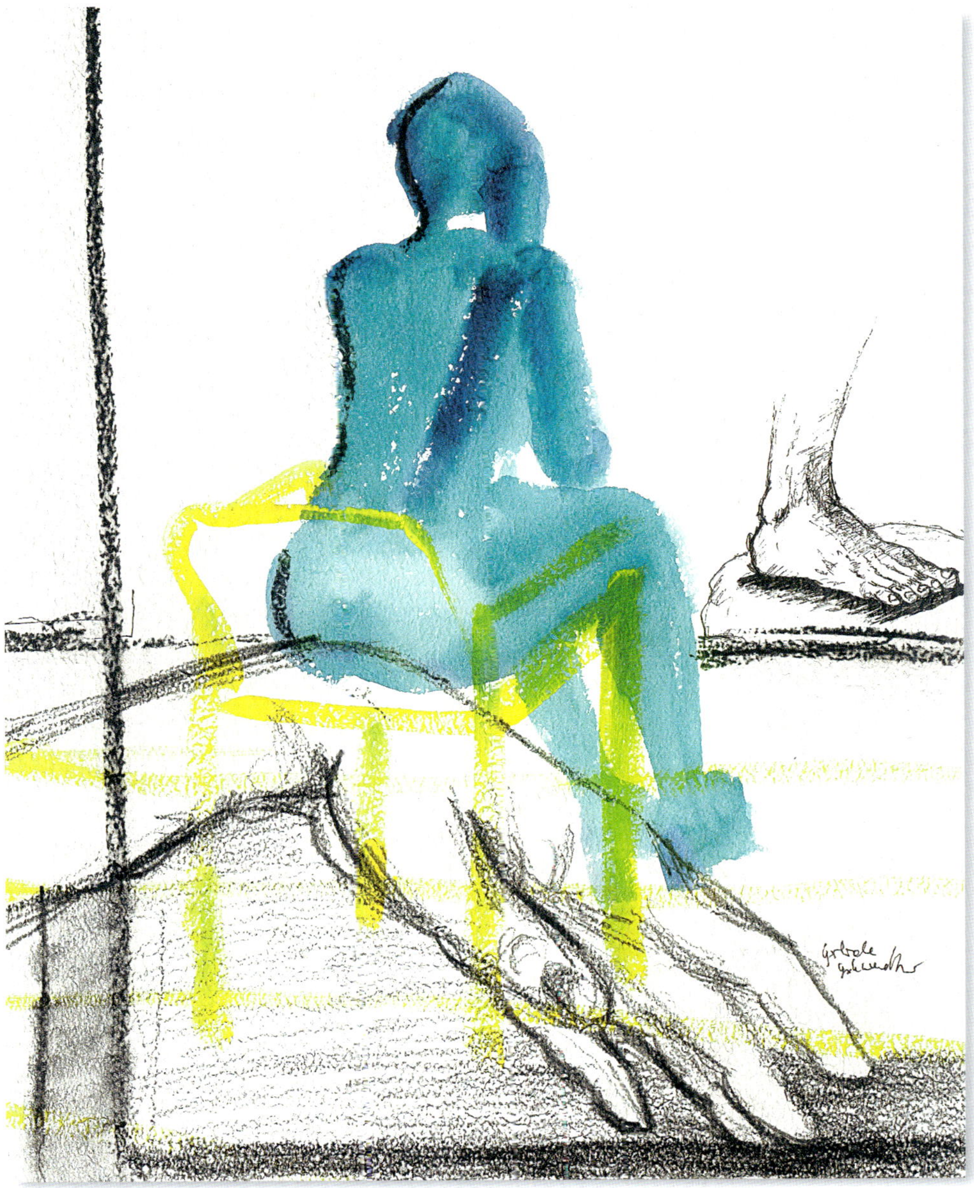

„Mehrfachstudie". Aquarell, Pigmentliner, Ölkreide.
Durch bewusste Bildkomposition wird aus Studien eine einheitliche Aussage.

Die künstlerische Darstellung des Menschen

Die allgemeinen, normativen Proportionsschemata des Menschen sollte jeder Künstler kennen. Künstleranatomie, Ganzkörperskizzen und Detailstudien sind ebenso Grundlagen für die folgenden Kapitel, die sich nunmehr mit den subjektiven, künstlerischen Auseinandersetzungen des Menschenbildes befassen.
Dafür gibt es allerdings keine Formeln, Rezepte, Vorlagen oder Schritt-für-Schritt-Anleitungen. Es geht um die persönliche Auseinandersetzung mit dem Thema Mensch in der Darstellung. Das Bild und nicht das Wort ist das Medium der Mitteilung. Verbale Hinweise auf bestimmte Umsetzungen von der Realität des lebenden Aktes oder von inneren Bildern der Fantasie zum ganzheitlichen Bild sind aber möglich. Jeder Künstler muss sich selbst seine Bildwelt schaffen, die der Betrachter betreten kann – ein Sinneserlebnis, das in seiner ganzen Wahrnehmung nur umschrieben werden kann.
Hilfe und Orientierung zum Menschenbild kann nur unvollständig durch eine bestimmte Anschauung gegeben werden. So ist die Hinführung zu bestimmten Sehweisen des menschlichen Körpers und ihre Umsetzung im Bild in ein einheitliches Wahrnehmungsgefüge integriert.

Körperarchitektur

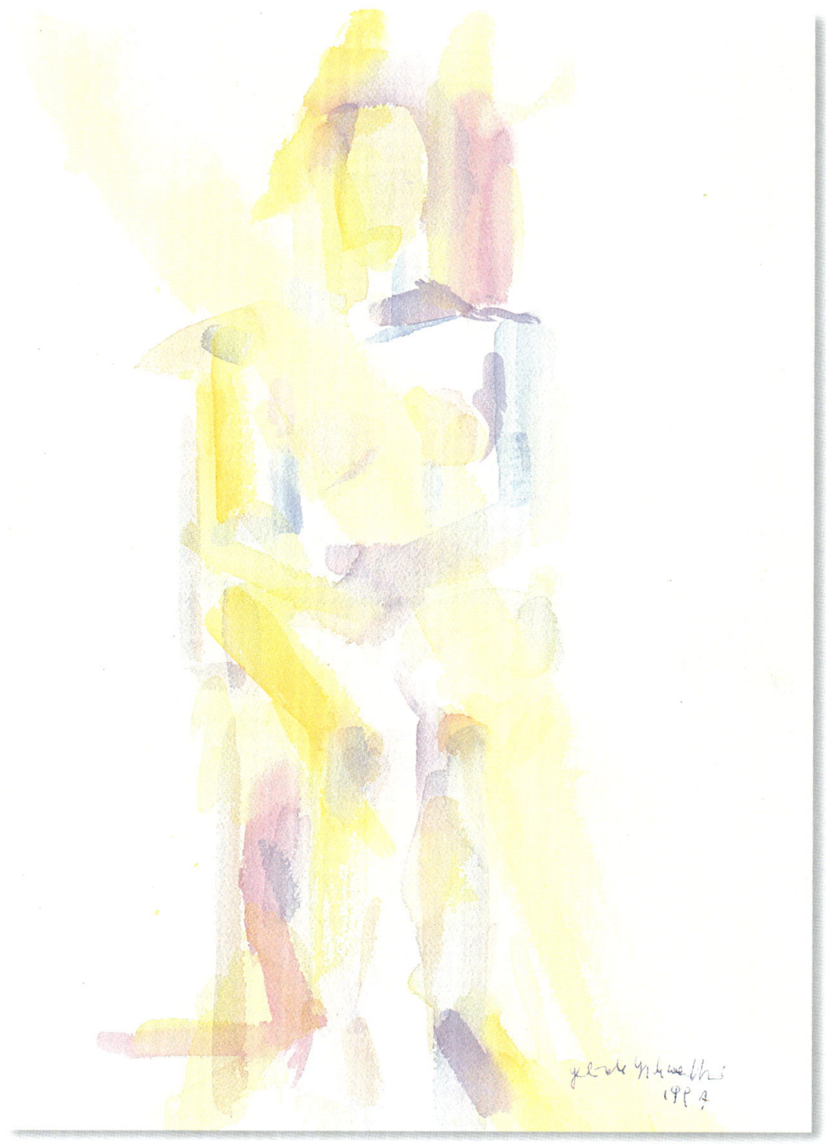

Unter Körperarchitektur versteht man den Körperbau des Einzelnen, der sich aus seinem Skelett, seinen Muskeln und Sehnen ergibt. Die Fett- und Hautanteile sind dabei von geringerer Bedeutung.
Die Realität des funktionierenden Menschen in seiner Körperlichkeit ist das Thema dieser Betrachtung, in der die Gliederung des Körpers und seine Schwerpunkte wahrgenommen werden. Das Zusammenspiel der Kräfte ergibt Bezugspunkte und Verbindungen, die zum Bildmotiv werden. Im dynamischen und rhythmischen Zusammenspiel der Formteile werden Flächensysteme und Linienvernetzungen offenbar. Jeder Mensch hat seine persönliche Körperarchitektur, die den Körperausdruck bestimmt.

„Sitzende“. Lasiertes Aquarell.
Der breite, gleichmäßig lineare Pinselauftrag gestaltet mit hohem Abstraktionsgrad die Körperarchitektur des Modells.

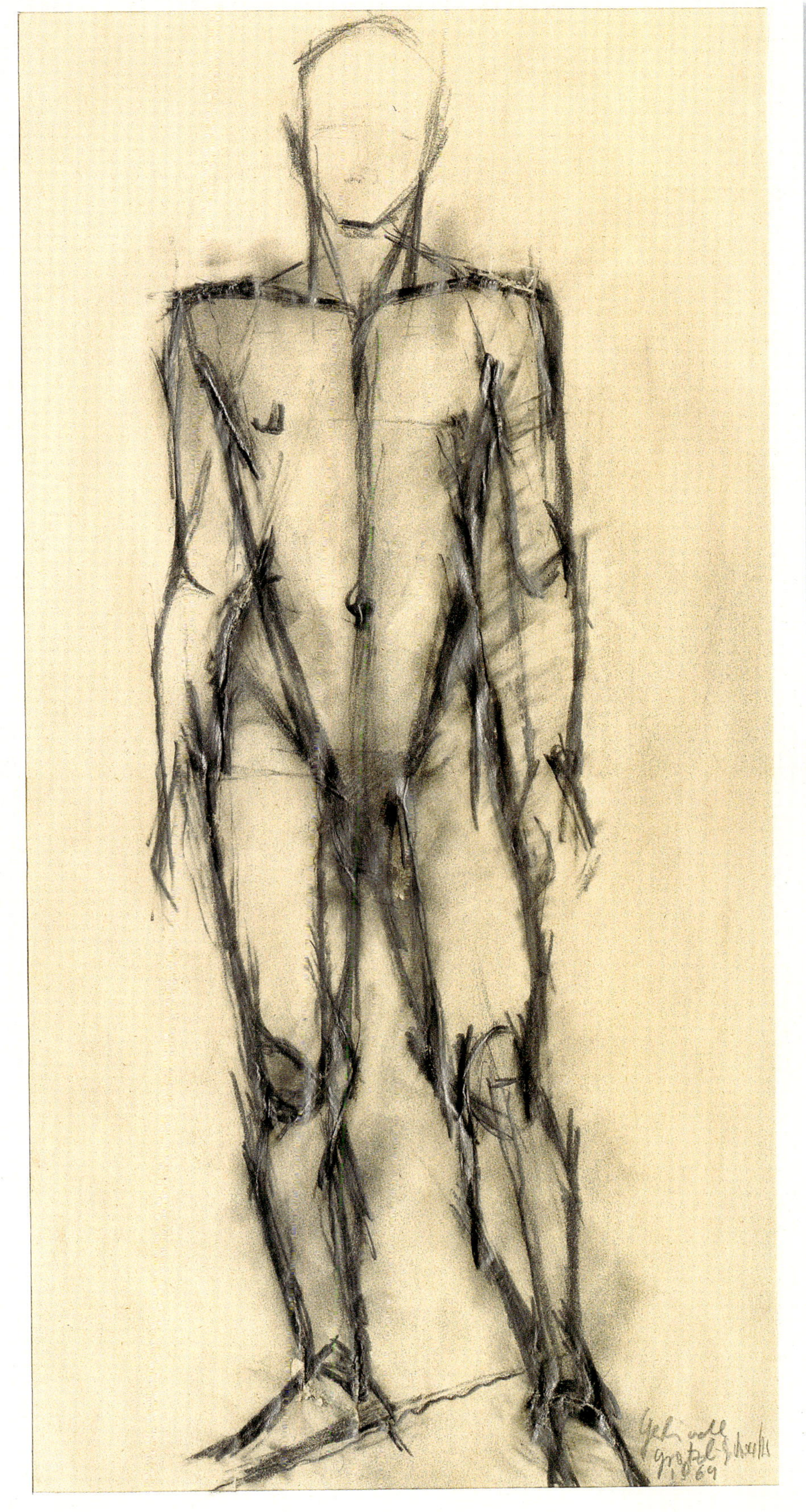

„Alois". Bleistift.
Der geradlinige Körperbau wird in seiner Charakteristik durch Konstruktionslinien betont.

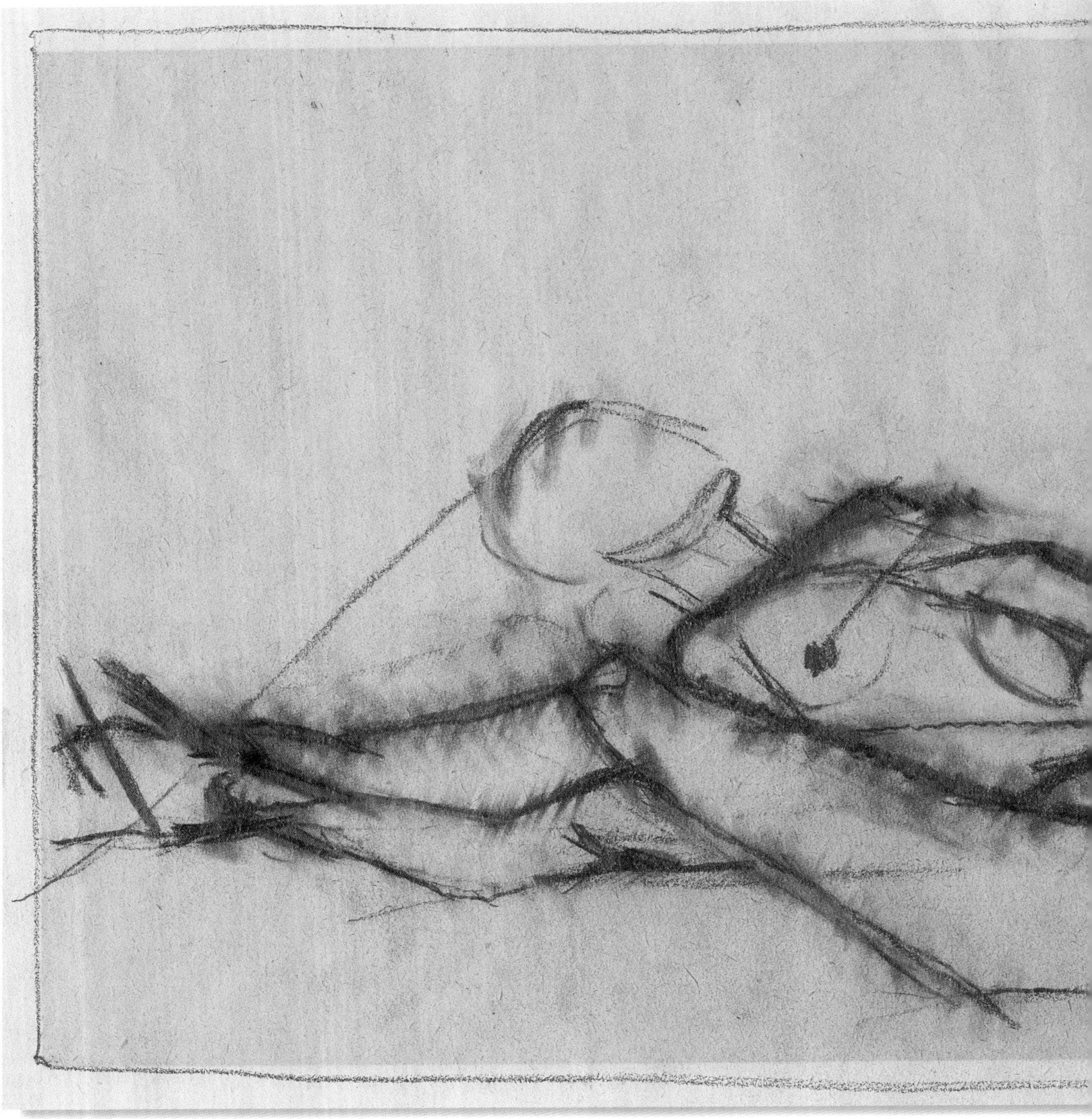

Aus den genauen, objektiv von der Wirklichkeit abgenommenen, überprüfbaren Koordinaten der Körperlinien entsteht die Gesamtstruktur. Die Vernetzung des Menschen aus sich selbst und in sich selbst gewinnt durch Betonen, Abschwächen oder Auslassen bestimmter Strukturen an Aussage. Aber diese entsteht durch den Künstler.

Beziehungslinien gibt es nicht nur innerhalb des Körpers, sondern sie können auch in den umgebenden Bildraum gezogen werden. Die Bildbotschaft ist vom „Spinnennetz" der vom Körper ausgehenden Kompositionslinien und von den dadurch entstandenen Flächen, die im Raumgefüge weiterwirken, abhängig. Dadurch wird die individuelle

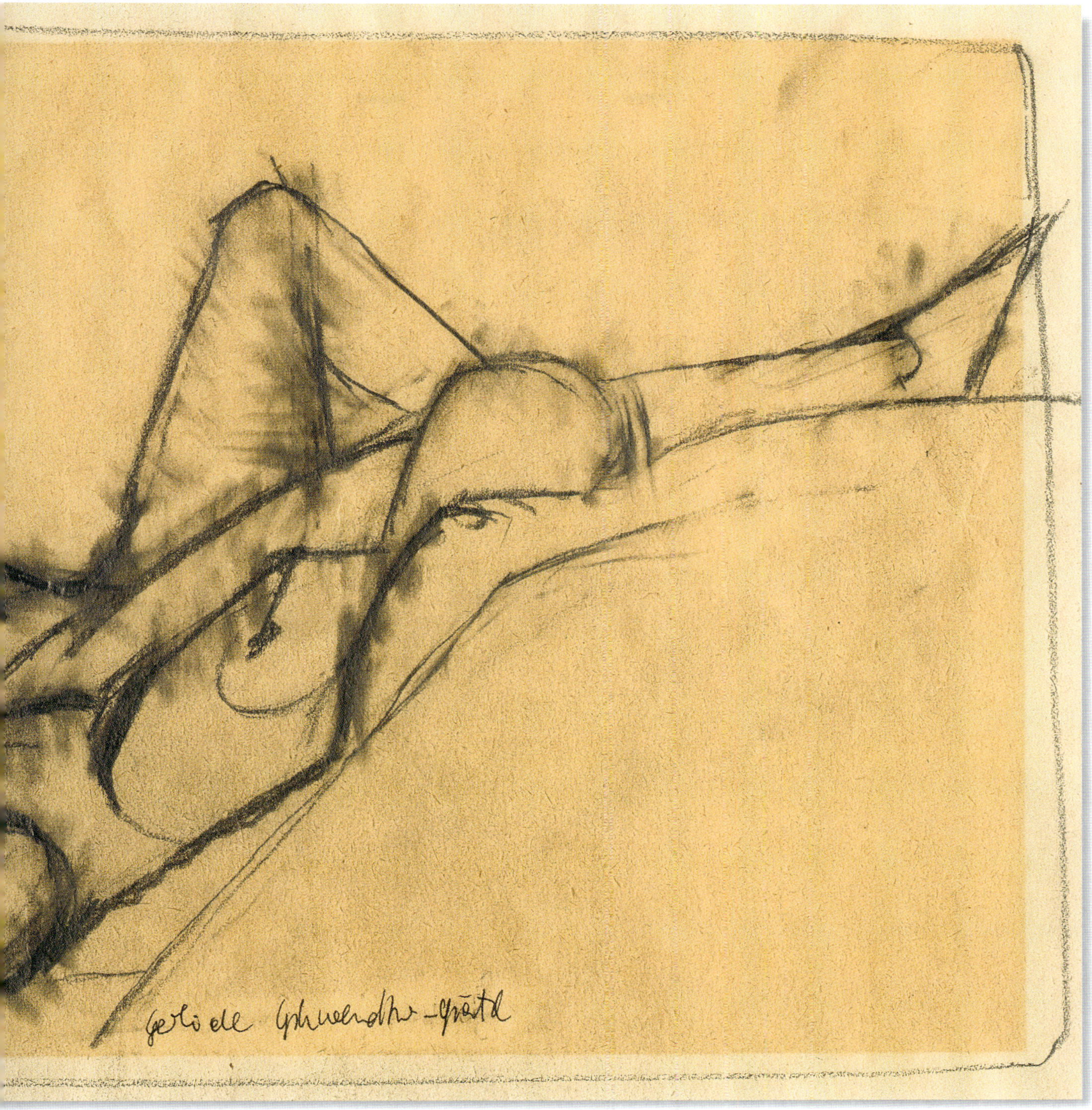

Körperarchitektur aussagekräftig, und das persönliche Strukturmuster des Körpers erklärt die persönliche Ausstrahlung, die zu erfassen ein faszinierendes Thema ist. Das reizvolle Gegenüber von objektiver Körpervermessung und subjektiver Bewertung gibt der künstlerischen Freiheit Form und Spannung.

„Die Liegenden". Bleistift.
Die Körperkonstruktionen der beiden Figuren werden untereinander und mit dem Umraum vernetzt und fügen sich zu einem ganzheitlichen Bild.

Körperlandschaft

Die Körperlandschaft einer menschlichen Figur stellt die sinnliche äußere Ansicht in den Gestaltungsschwerpunkt. Über das Äußere zeigt sich das Innere. Licht und Schatten auf der Haut, Farbstimmungen und Farbspannungen betonen Körperhügel und -täler. Sie zeigen in ihren Höhen und Tiefen den typischen Rhythmus der Plastizität des Aktes. Jedes einzelne Individuum erscheint in seinem Ganzen als einmalige Körperlandschaft – das Auge wandert über die Haut und erkennt die Gestaltungsqualität der Körperlichkeit.

So wird nicht die Körperarchitektur mit ihrem Aufbau, sondern die Form der sichtbaren Plastizität eines Menschen zum wesentlichen Gestaltungsfaktor.

Es ist reizvoll, die Figuren in beiden Sehmöglichkeiten darzustellen: einmal als Körperarchitektur und ein anderes Mal als Körperlandschaft.

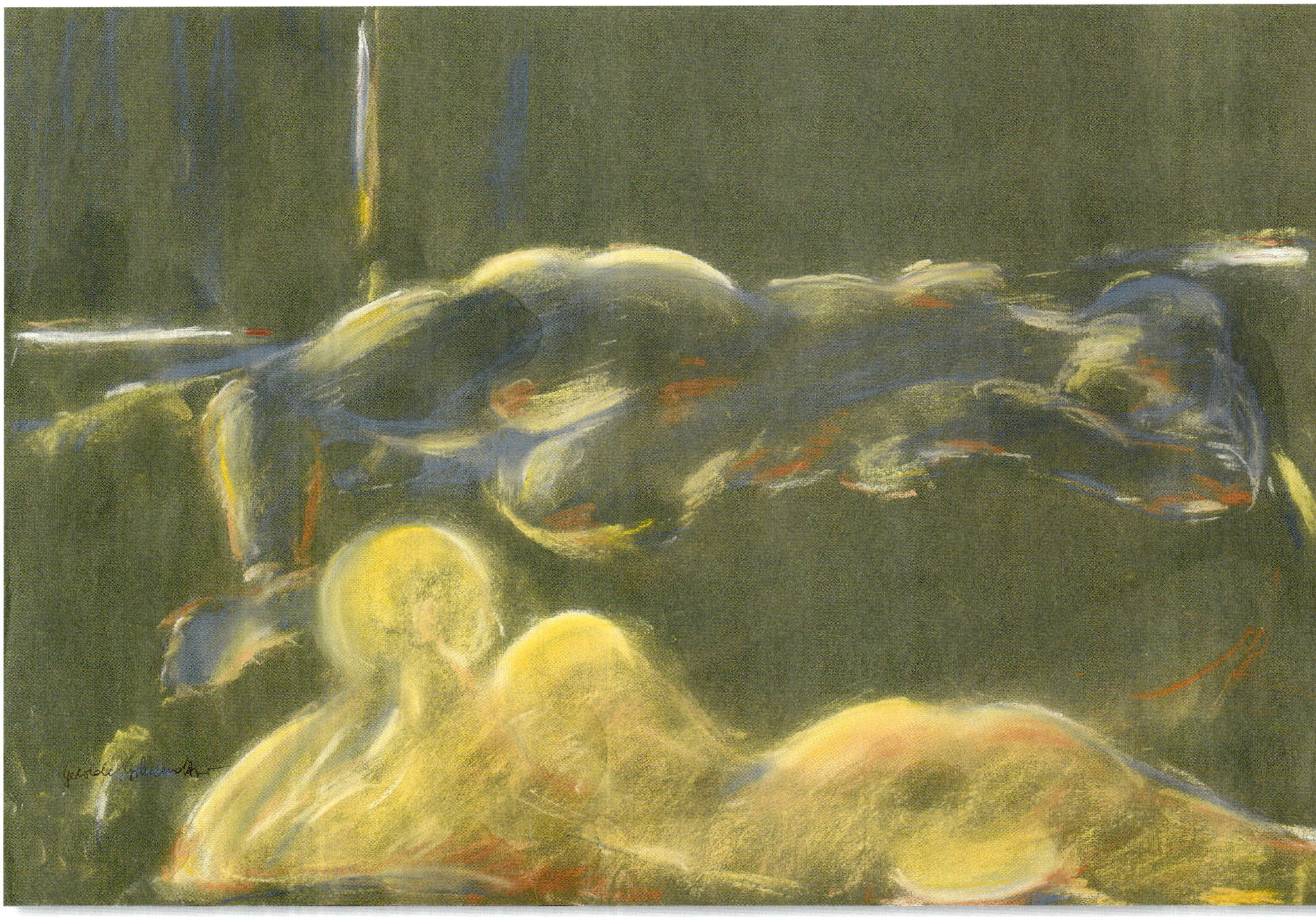

„Liegende". Pastellkreide.
In der plastischen Darstellung wird die Körperlandschaft durch starke Licht- und Dunkelunterschiede besonders akzentuiert.

„Halbakt". Aquarell. ▸
Starke Helligkeitsunterschiede geben den lavierten Aktfiguren Höhen und Tiefen. Details verschwinden, um die Großzügigkeit der Figurenkombination nicht zu mindern.

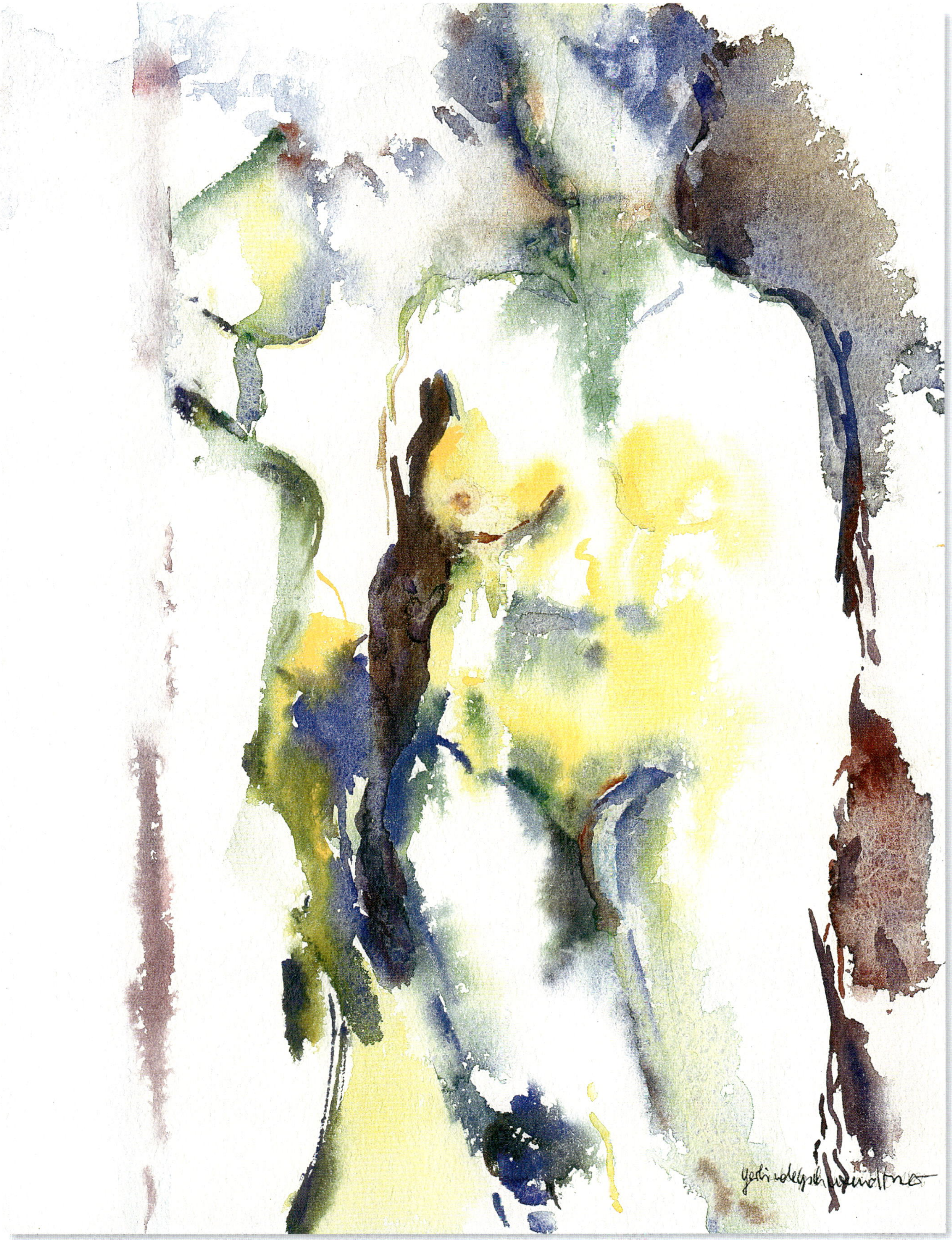

Außer auf Skizzenblättern und gut durchkomponierten, expressiven Bildern kann ein Darstellungswechsel von Körperarchitektur zur Körperlandschaft willkürlich und oberflächlich wirken. Dies gilt besonders, wenn einzelne Körperteile, zum Beispiel weiche Formen, wie Brust, Bauch und Gesäß, als Körperlandschaft und strukturierte Formen, wie Schultern oder Knie, als Körperarchitektur dargestellt werden. Hierin offenbart sich ein Haften des Künstlers an der Wirklichkeit, am Abbild, und nicht das Beherrschen der vom Motiv unabhängigen Bildeinheit.

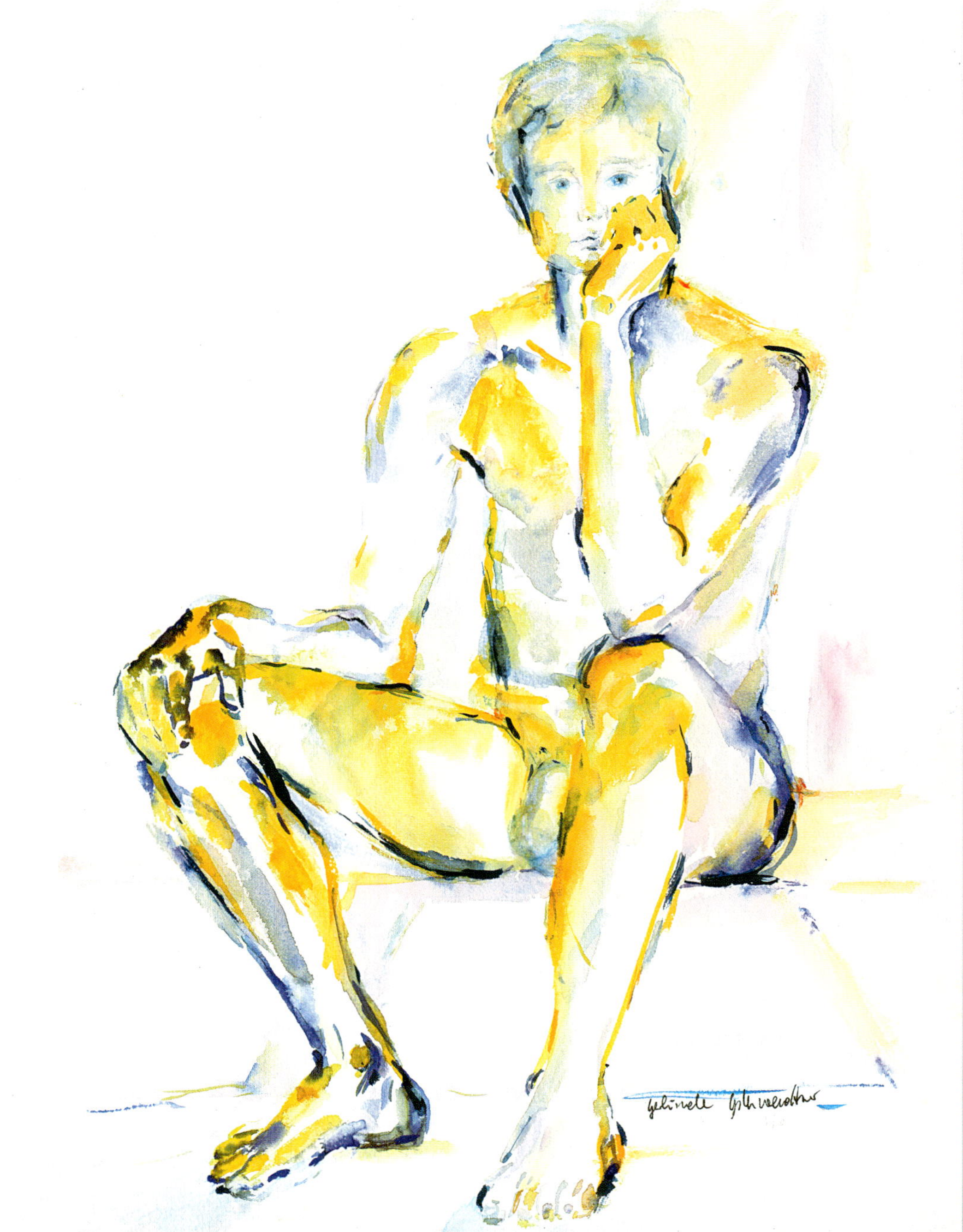

„Sitzender". Aquarell.
Im malerischen Duktus wird die Aktfigur mit den Komplementärfarben Blau und Gelborange dargestellt. Durch diese Beleuchtungsfarben erhält das Bild eine Farbdynamik.

„Rückenakt". Acryl. ▶
Die Figur wird mit einer Umrisslinie umschrieben. Der Gelbton als eigenständige Farbe verbindet Figur und Bildgrund.

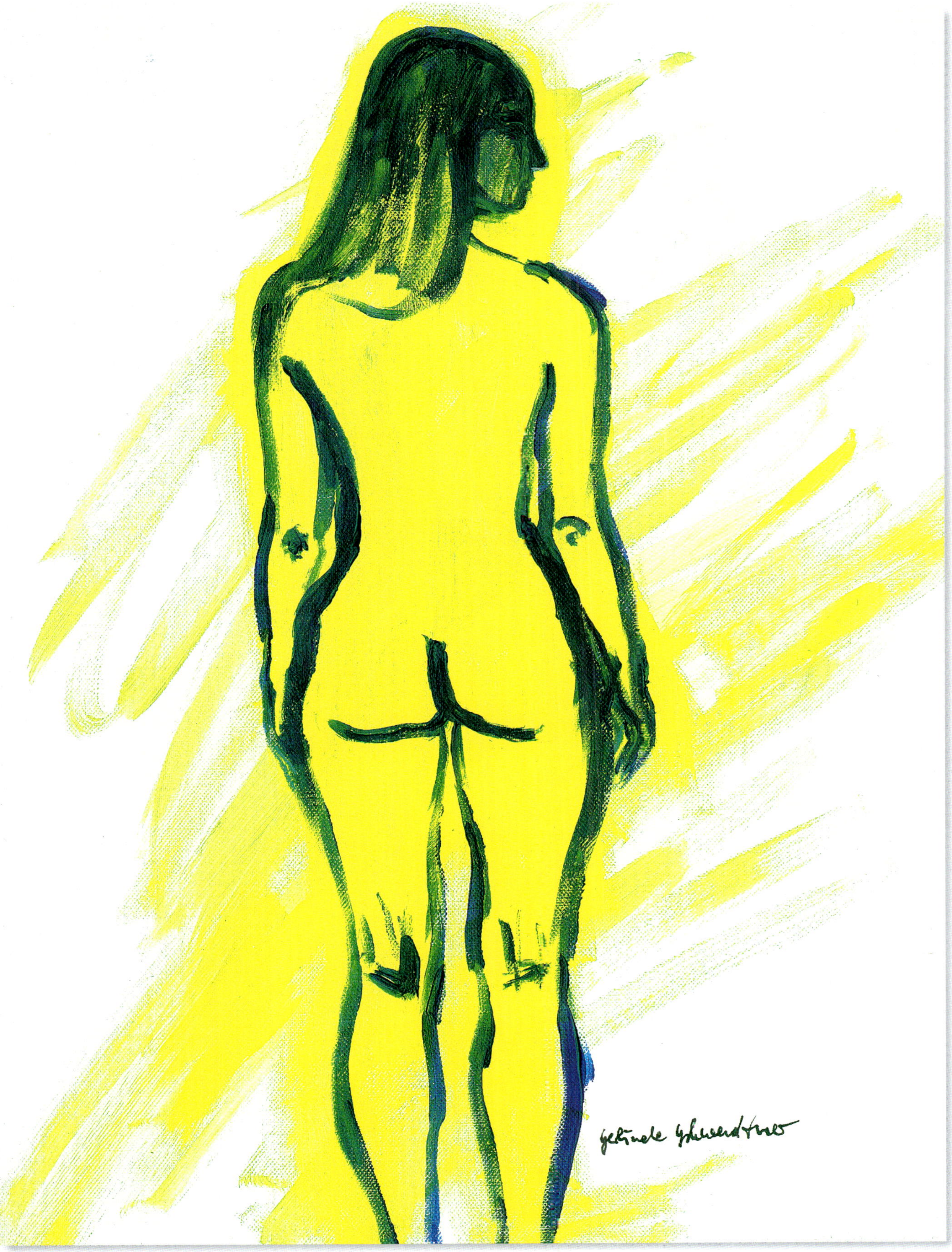

Körperlandschaften entstehen in erster Linie durch malerische und plastische Techniken. Licht, Schatten und Farbstimmungen mit Beleuchtungsfarben oder freien Farben bewahren den Ausdruck der Oberflächen.

Im **plastischen Gestalten** der Körperlandschaften werden Licht und Schatten wahrgenommen. Bereits im Sehprozess bleiben Konstruktionslinien unbeachtet, und die Betrachtungsgrundlagen des Schattierens treten mit zusammen gekniffenen Augen deutlicher hervor. Je abstrahierter plastisches Sehen wird, umso klarer tritt das Hell-Dunkel zutage. Umrisslinien begrenzen die plastische Körperlandschaft.

Im **malerischen Gestalten** der Körperlandschaften werden vor allem Farbtönungen in feinen Übergängen verwendet. Je weniger Farbübergänge tonig gesetzt sind, umso impressionistischer wird das Bild. Die malerisch gesetzten Farbkräfte können auch im Farbton verstärkt werden. Das Menschenbild wird farbexpressiver. Die Körperlandschaften wirken, wie Landschaften in der Natur, durch Farbatmosphäre, Farbausstrahlung und einen Hell-Dunkel-Schleier.

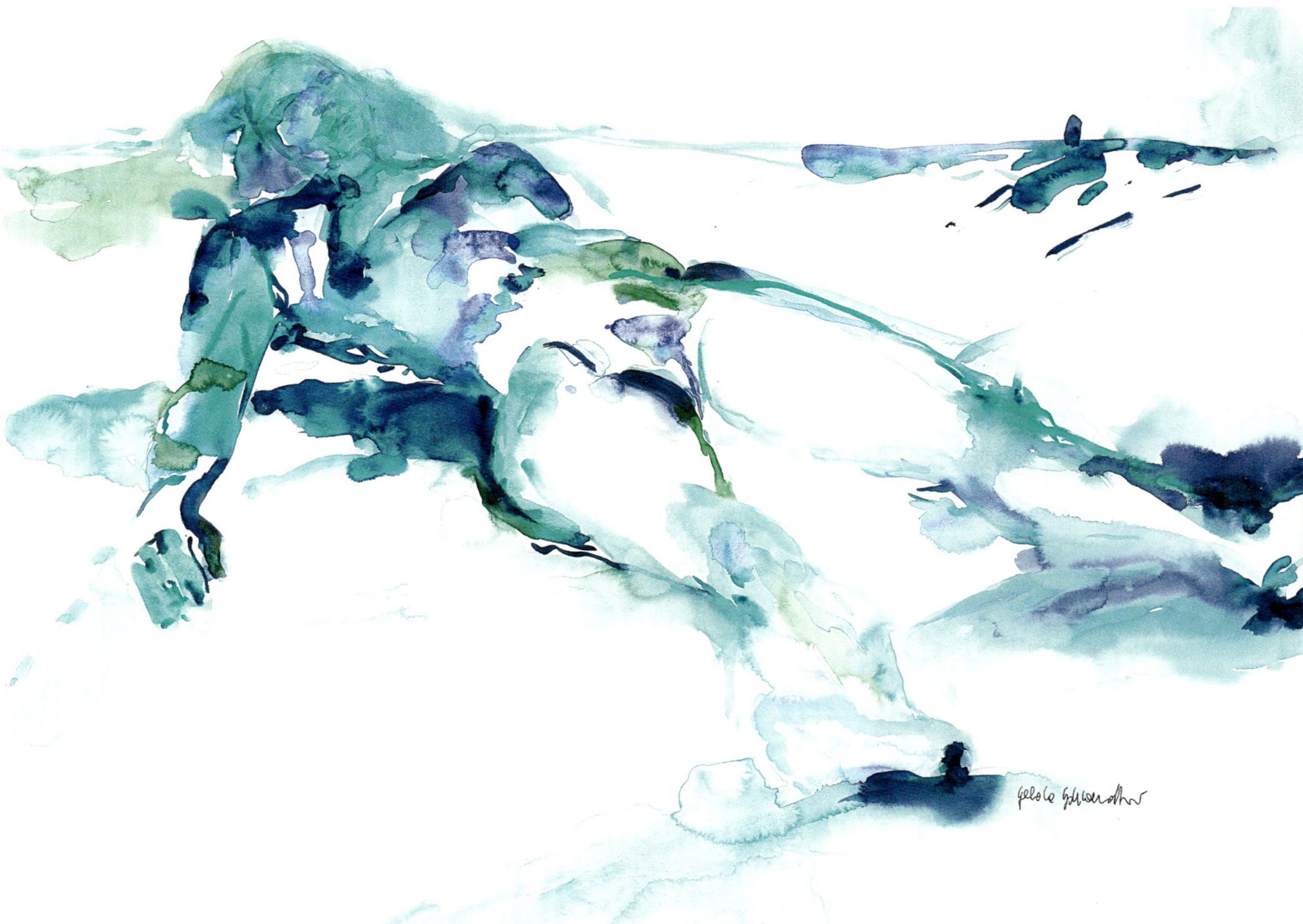

„Diagonal Liegende". Aquarell.
Die Diagonalposition der Figur macht durch ein starkes Hell-Dunkel die Körperlandschaft bewusster.

„Stehende". Aquarell. ▶
Die Komplementärfarben Rot und Grün betonen den vitalen Frauenkörper.

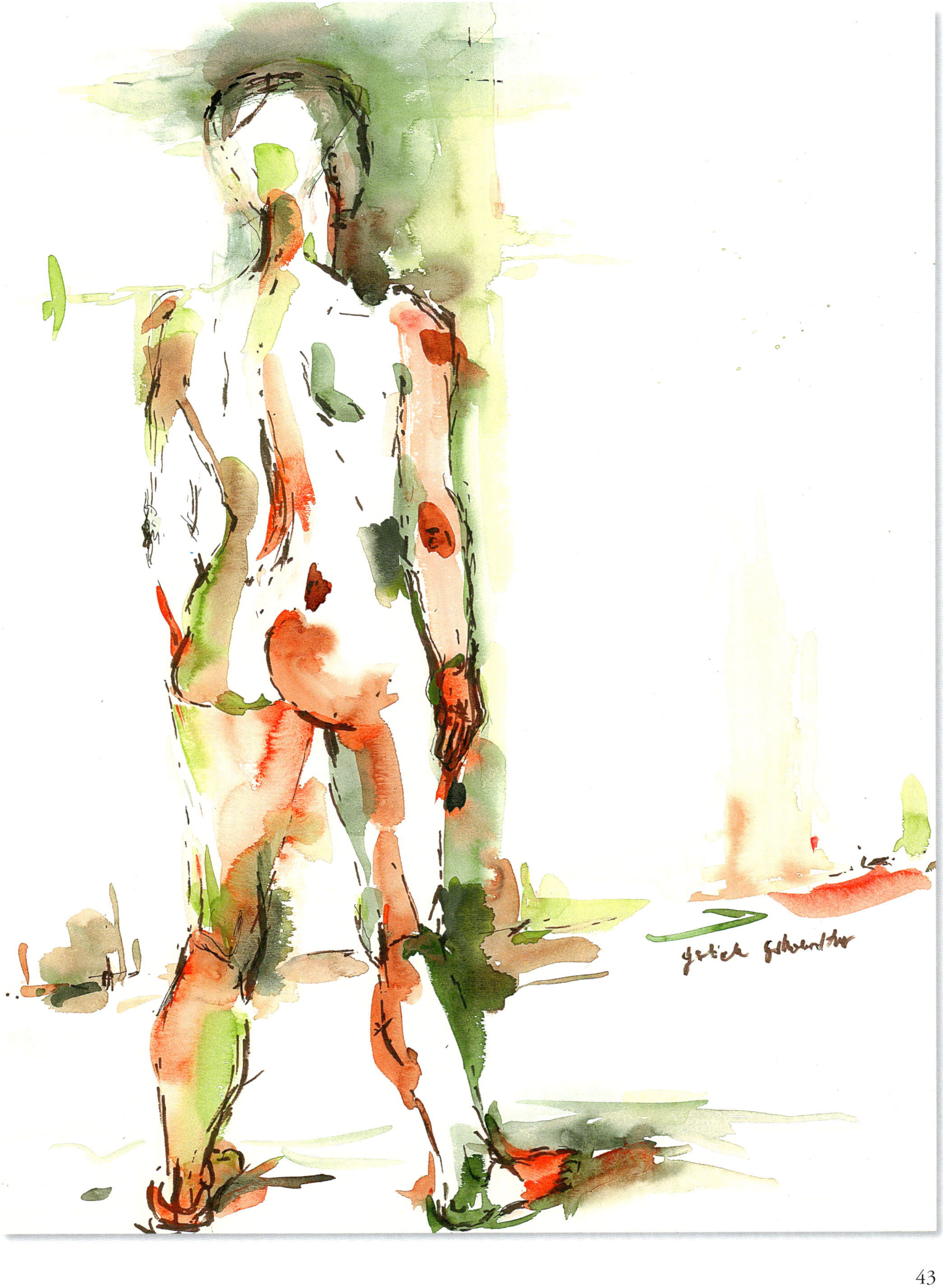

Der Akt in Farbe

Die Farbausstrahlung des Menschen gehört zum stärksten Ausdrucksträger seiner Persönlichkeit. Über die Farbstimmung und Farbdynamik sind Aussagen möglich, die unmittelbar wirken. Wir können uns dem Farbeindruck nicht entziehen. Für den Künstler ist deshalb ein tiefes Wissen um Farbwahrnehmung und Farbwirkung unumgänglich (Siehe Gerlinde Gschwendtner, Kompositionslehre mit Farben. Wiesbaden 2002). Daher sollen in gedrängter Form in diesem Kapitel einige wesentliche Aspekte der farbigen künstlerischen Gestaltung behandelt werden. Jeder Mensch hat seine individuelle Farbwahrnehmung. Diese bestimmt beim Künstler einen wesentlichen Teil seiner gemalten Farbatmosphäre. Nicht die Farben der Menschenfigur, sondern ihre Wahrnehmungen durch den Künstler sind entscheidend für das farbige Bild. So ist es sinnvoll, sich über die eigenen Fähigkeiten des Farbsehens klar zu werden.

Die gegenständliche Figur kann in **Lokal-**, **Oberflächen-**, oder **Gegenstandsfarben** gesehen werden. Normalerweise ist dies die gewohnte Art des Sehens. Die typische Farbcharakteristik des Menschen, zum Beispiel dunkle oder helle Haut, wird wahrgenommen und wiedergegeben. Schattierende Farbtönungen bilden den plastischen Körper.

Der menschliche Akt kann aber auch in seiner **Erscheinungsfarbe** gesehen werden. Sie entsteht durch die Beleuchtung, die Farbreflexe aus der Umgebung und durch Farbveränderungen, die durch Kontrastwirkungen gebildet werden. Die Darstellung der Figuren in dieser Sehweise verlangt ein geschlossenes Farbbild, da die Farben erst im gesamten Farbzusammenhang der Bildkomposition stimmig werden. Farberscheinungsfiguren strahlen

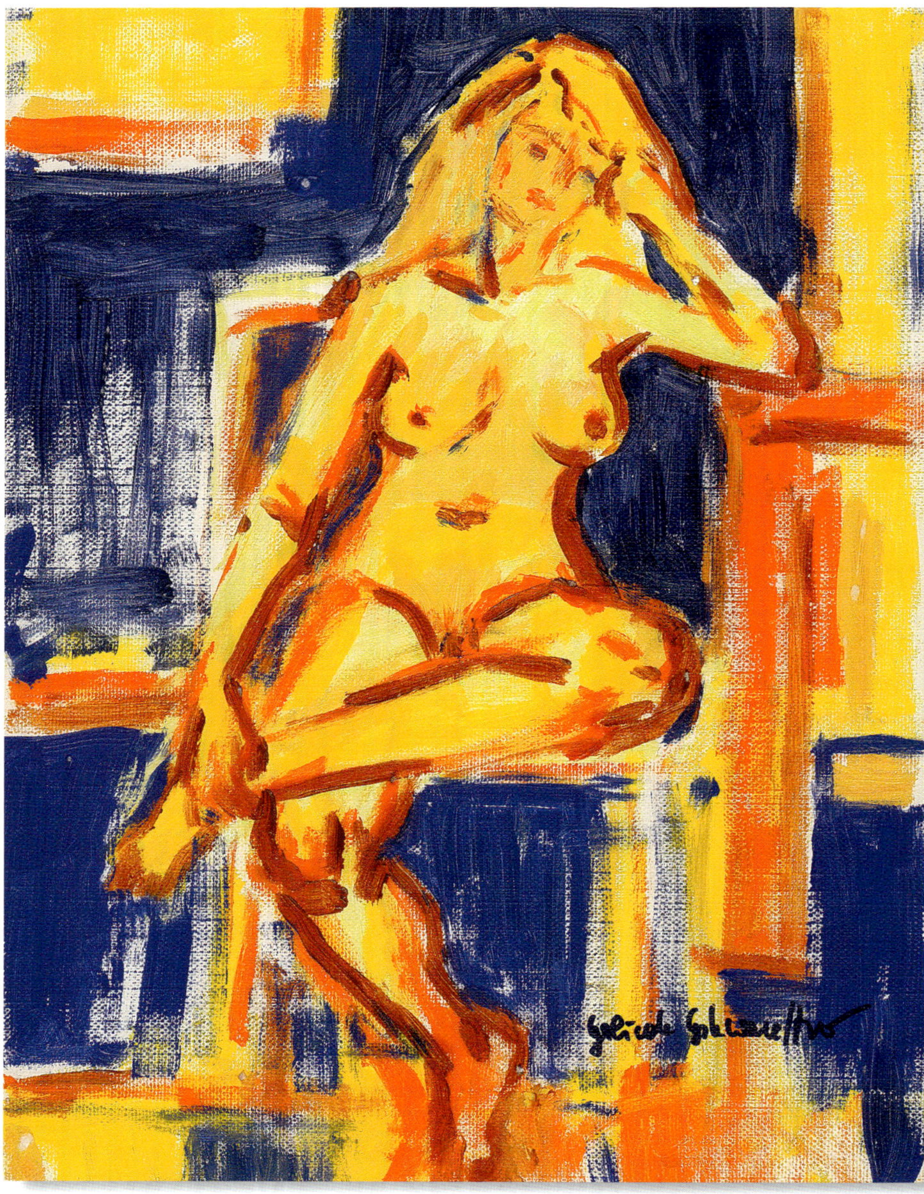

◄ ***„Oranger Akt“. Acryl.***
Eine starke Farbkraft im Bild und ein aggressiver Farbauftrag signalisieren über die Figur Vitalität und Stärke.

„Sitzender“. Mischtechnik: Kohle, Pastell und Ölkreide. ►
Die einheitliche Komposition des Bildes ergibt sich aus den durchgehend malerisch aufgesetzten Farbschattierungen des Körpers. Eine minimale Hintergrundandeutung genügt.

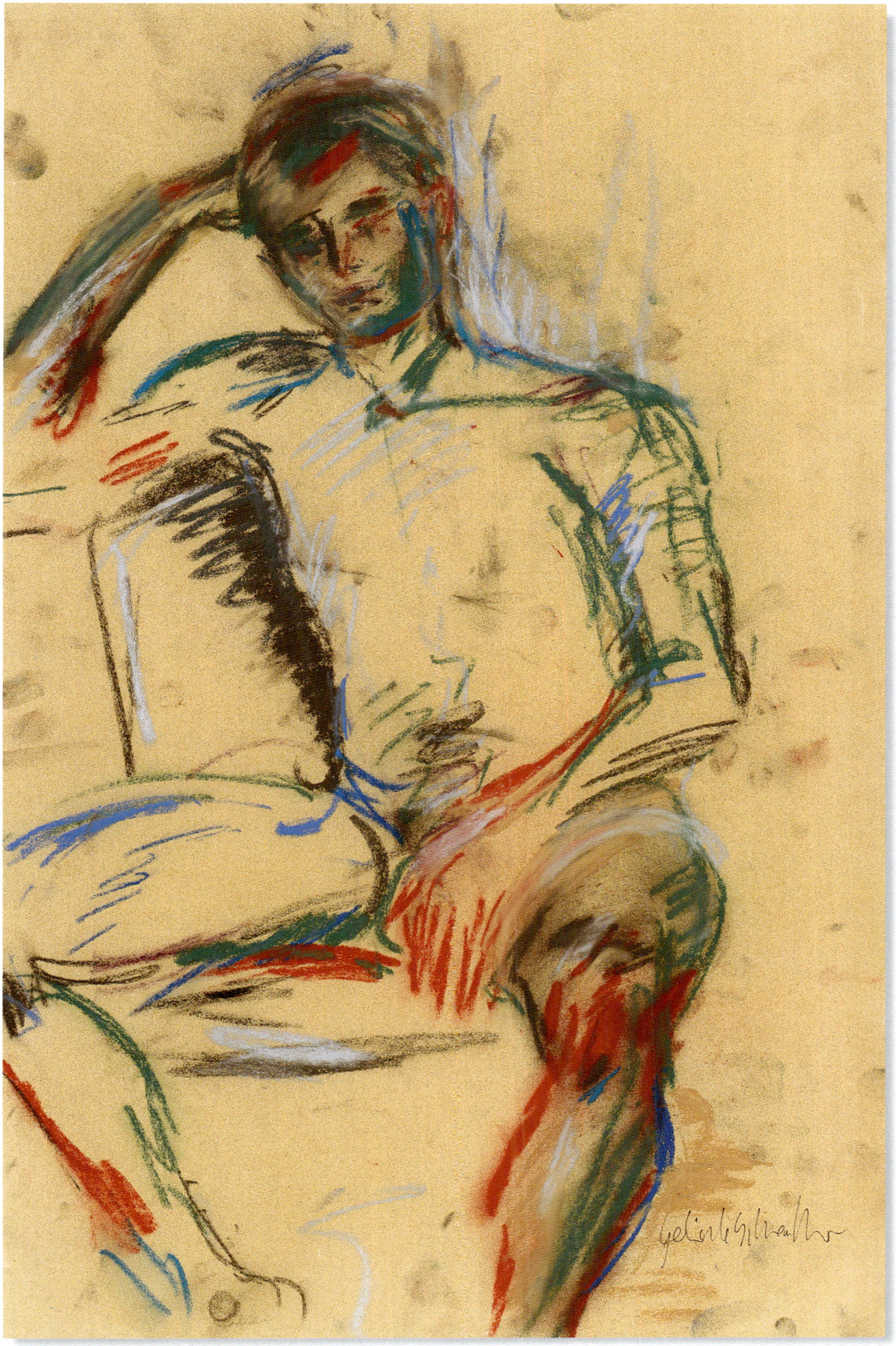

eine große persönliche Farbdynamik aus. Stimmungen werden durch Farbzusammenhänge übertragen, und Farbimpressionen im Licht leuchten auf. Die Bildbotschaft trägt über das Menschenbild die Kraft der Farbe.
In einer besonderen Bildaussage kann auf die **Gegenstands- oder Beleuchtungsfarben**, die ja beide auch in der Realität sichtbar werden, verzichtet werden. Das Bild entsteht aus einem inneren Klang der absoluten, freien und eigenständigen Farbe. Sie ist nur dem Bild verpflichtet und nicht mehr der Wirklichkeit. Der Künstler nimmt die Farbkomposition unabhängig von der Wirklichkeit und nur im Hinblick auf die Aussage über den Menschen vor. Symbolisch verwendete Farben heben einen Akt aus der realen Darstellung zu anderen Bezugspunkten. Die Farbwirkung bezieht sich dann auf andere Inhalte. So steht z. B. die Farbe Blau für Himmel und Weite.

Die psychologische Wirkung der Farben auf Emotionen und auf das Verhalten des Betrachters kann in der Menschendarstellung auch manipulativ ausgenützt werden. Kalte, trübe Farben für Menschenbilder lösen andere Stimmungen im Betrachter aus als warme, sonnige Gestalten. Aktive Farben („Plusfarben“, wie Gelb, Rotgelb, Orange) zeigen für die Figuren Dynamik und Freude. Passive Farben („Minusfarben“, wie Blau, Rotblau und Blaurot) erzeugen unruhige, sehnsuchtsvolle oder weiche Aussagen über die Farbfiguren.
Nicht jeder empfindet jedoch Farbwirkung in gleicher Weise. Persönliche Erfahrungen mit Farben, Menschen oder Situationen können die Farbempfindung verändern. Jedoch sind viele farbpsychologische Erkenntnisse bereits so gesichert, dass ihre Bildwirkung als Ausdrucksträger eingesetzt werden kann.

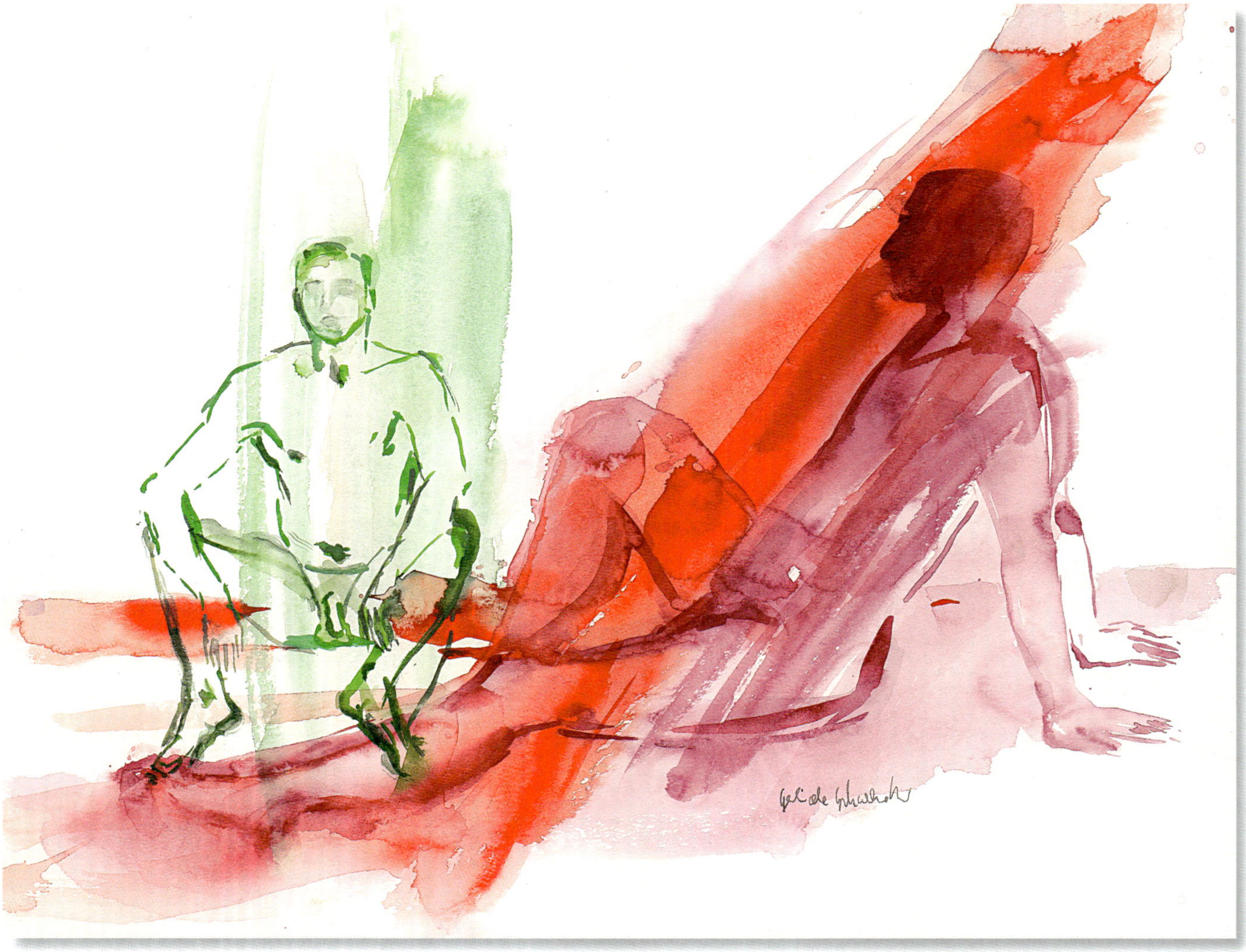

„Zwei Männer“. Aquarell.
Die kalten Farben im Hintergrund und die warmen Farben im Vordergrund zeigen zwei verschiedene Ausstrahlungen.

Der Akt und sein Umraum – Bildkomposition

Der Gesamteindruck des Aktbildes wird bestimmt durch die dargestellten Figuren und durch den umgebenden Bildraum. Der Künstler gibt den von ihm dargestellten Menschen den „Lebensraum" vor. Die Lage des Aktes positioniert auch dessen Stellung, die starke Emotionen im Betrachter auslösen kann. Eine Übertragung der Bildwirklichkeit auf die Realität des Lebens wird so spürbar. Deshalb gehört in der künstlerischen Darstellung des Aktes die Bildkomposition zu den wichtigsten schöpferischen Ausdrucksmitteln. Die Aussage über das Menschenbild bedingt nicht nur die Gestaltung des Menschen selbst, sondern umgekehrt auch seine Ausstrahlung in den Umraum.

Bildformat

Bereits das Bildformat bringt Spannung oder Harmonie in die Position der Akte. **Quadratische Formate** wirken ausgleichend, können aber bei ungewöhnlicher Lage der Figur viel Spannung erbringen.

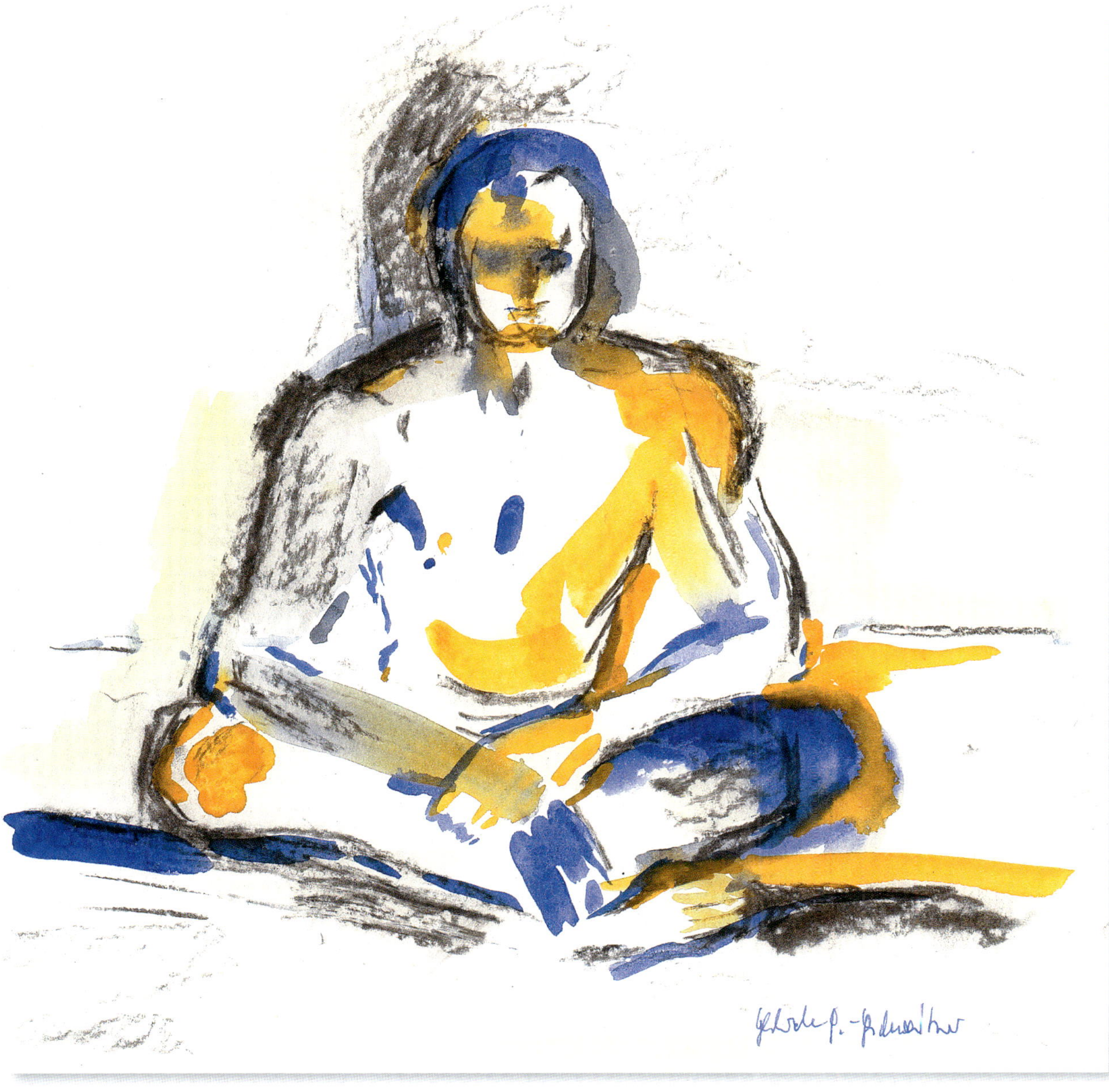

„Stille". Mischtechnik Aquarell und Kohle.
Komprimiert auf wenige Linien und Farben kommt die ruhige Körpersprache deutlich zum Ausdruck.

Hochformate sind meist der Bildraum für stehende Akte. Liegende, hockende oder sitzende Menschen finden in **Querformaten** eine gute Figur-Grund-Verteilung.

Das sind Normvorstellungen, die durchaus in der Darstellungsweise harmonisch wirken. Die subjektive, vom Künstler gewählte ungewöhnliche Positionierung des Men-

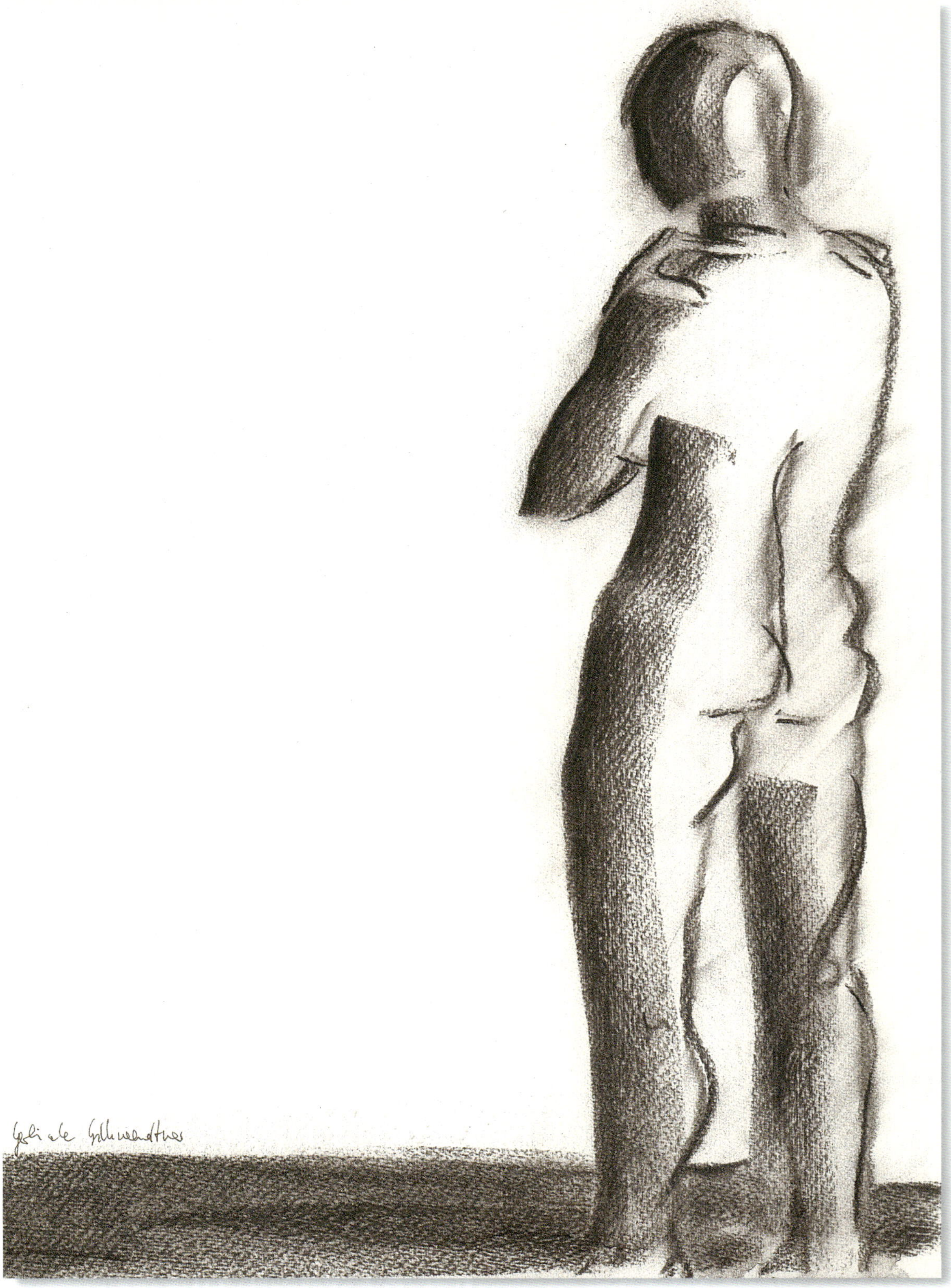

schen in seinem Umraum lenkt den sensiblen Beobachter in unerwartete Aussagen.

Die **Mitte des Bildes** als Körperlage erinnert an die Kreuzform und wirkt verhalten und religiös.

„Mitte". Bleistift. ▶

Die Bildkomposition wird durch die klare, komplexe Darstellung des Aktes genügend hervorgehoben.

◀ *„Stehende". Kohle.*

Im Goldenen Schnitt steht die Figur, mit wenigen Linien charakterisiert, seitlich im Bild.

▼*„Frauenakt". Farbtusche.*

Die klare Bildkomposition setzt durch angedeutete Senkrecht-, Waagerecht- und Ovalformen den Akt in den Mittelpunkt. Wesentlich ist der freie Duktus der Linienführung. Im direkten Blick wird dem Betrachter ein unmittelbarer Kontakt übermittelt.

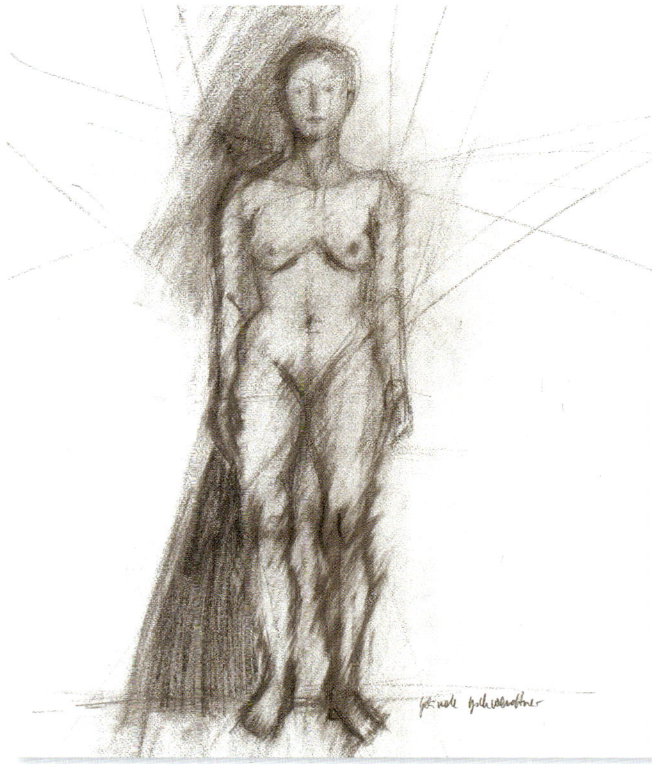

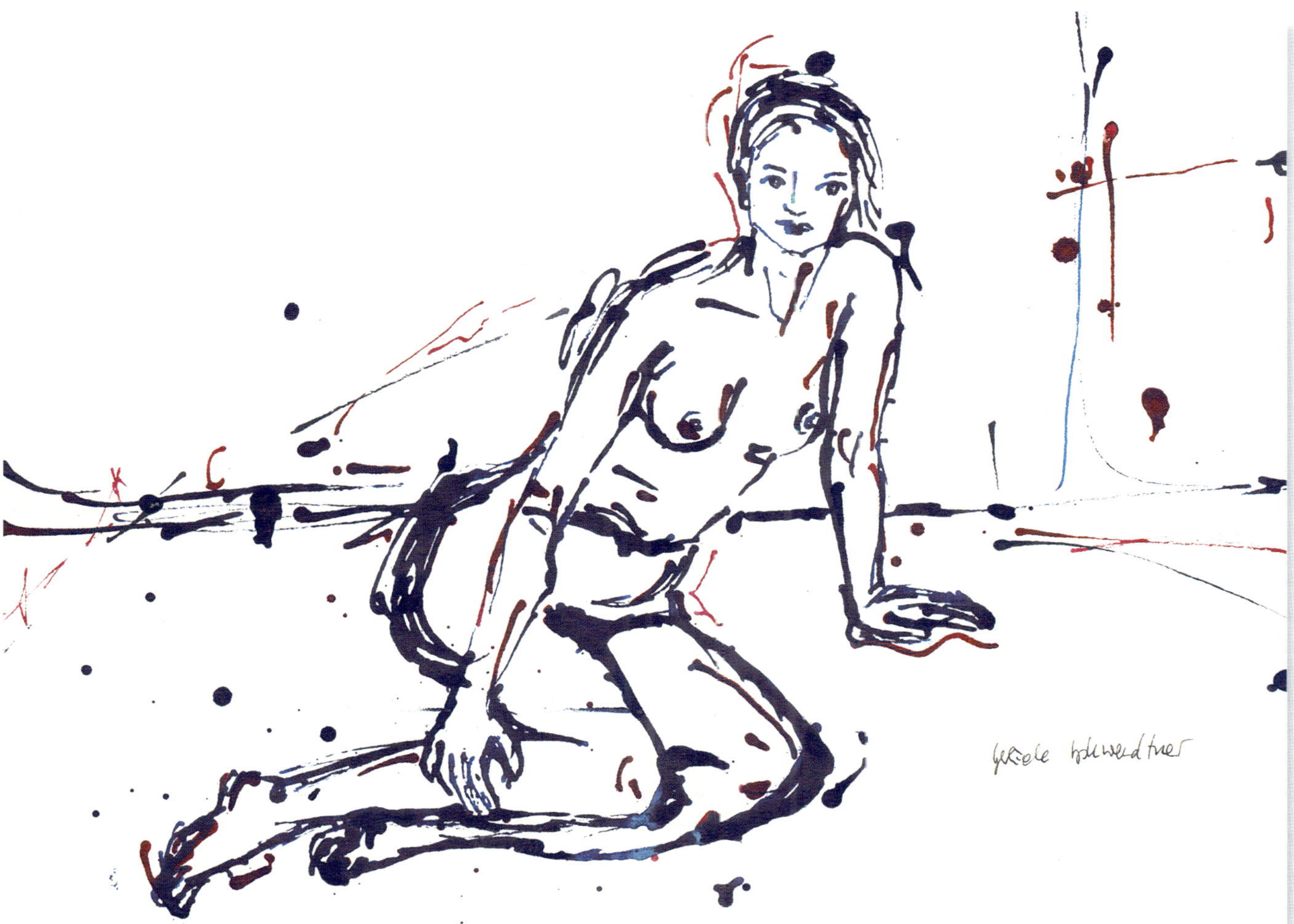

Im klassischen **Goldenen Schnitt** wird die Aufmerksamkeit des Betrachters angenehm beeinflusst. Der Goldene Schnitt bezeichnet die Einteilung des Bildes: Der kleinere Teil des Bildes verhält sich zum größeren so, wie der größere zum Ganzen, also ein Verhältnis von ca. 2/5 zu 3/5. **Asymmetrisch** positionierte Figuren bringen Spannung zum Ausdruck.

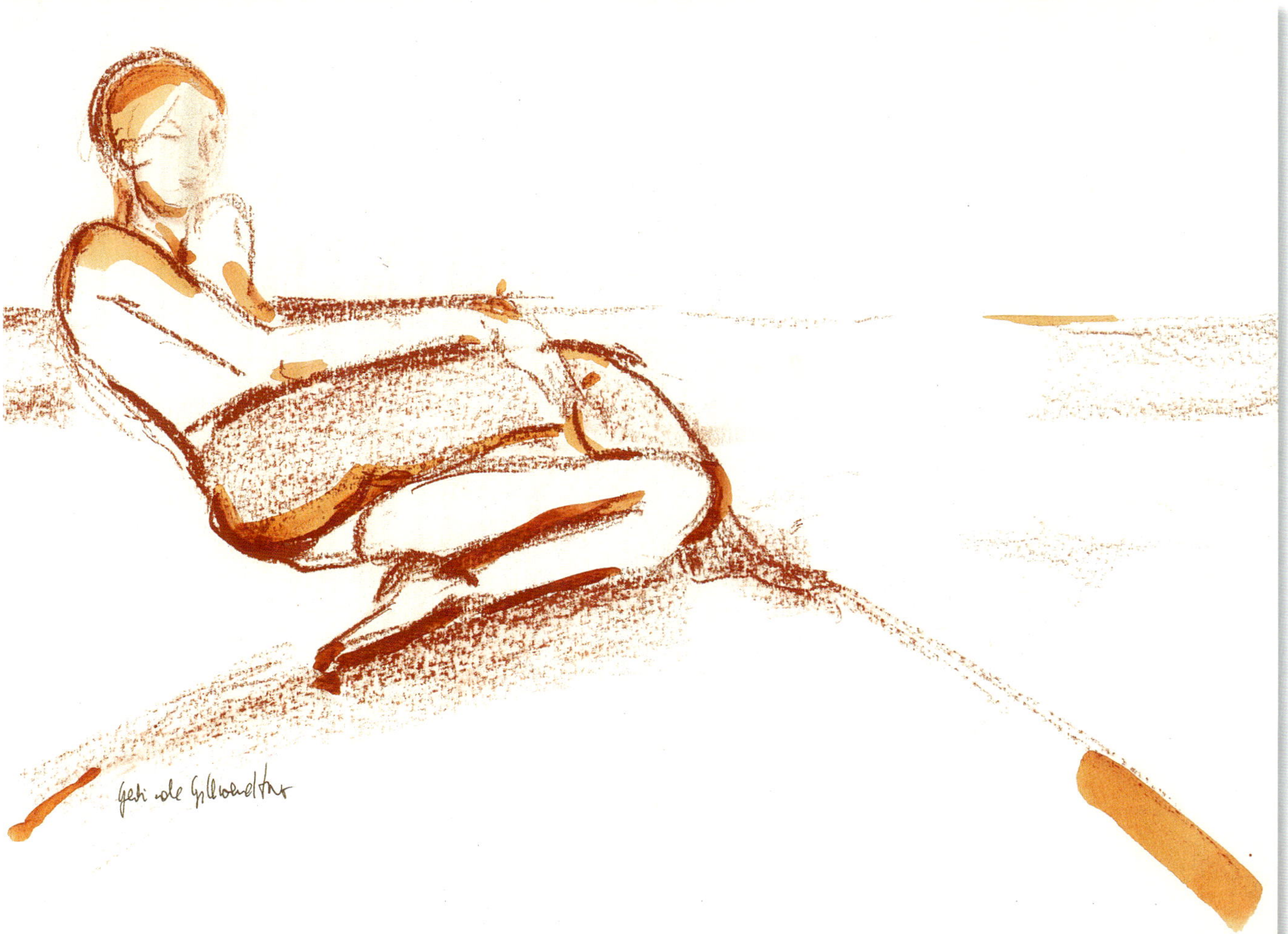

„Strandfigur". Mischtechnik: Rötel und Aquarell.
Im Bogen spannt sich die klare Komposition durch das Bild. Die Lage des Aktes leitet den Betrachter zur Bildaussage.

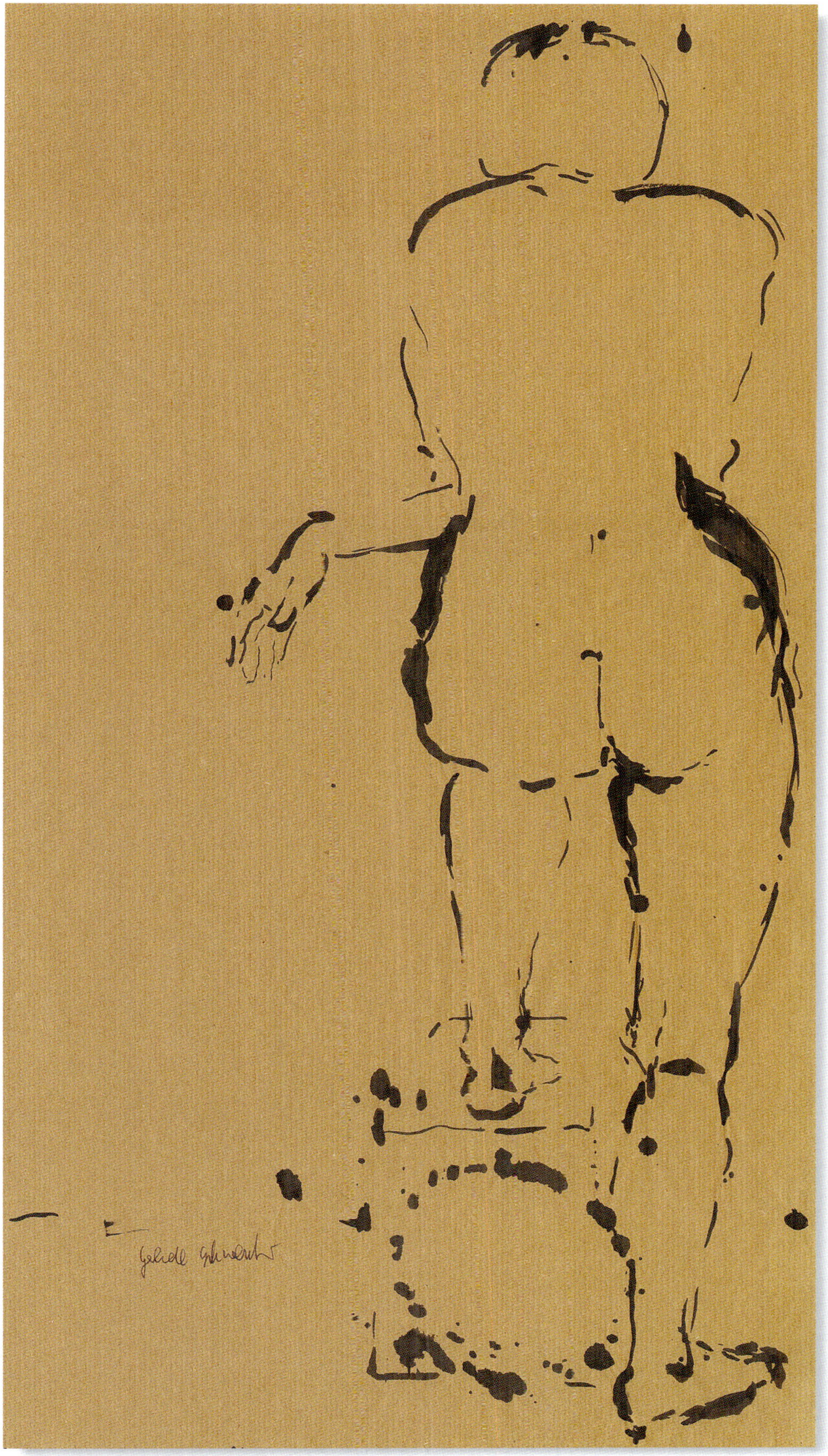

„Sich Aufstützende". Tusche.

Die Bildteilung in gezeichneten und leeren Bildraum erfolgt im Goldenen Schnitt. Rundformen in Wiederholungen sind Ausdrucksträger.

Diagonale Bildteilung durch den Körper lässt dynamischen Schwung entstehen. **Kreis- und Ellipsenkompositionen** von Menschenakten wirken fließend und in sich geschlossen. Die Position der Figuren in **Ecken** des Bildraumes schaffen ungewöhnliche Bildbotschaften.

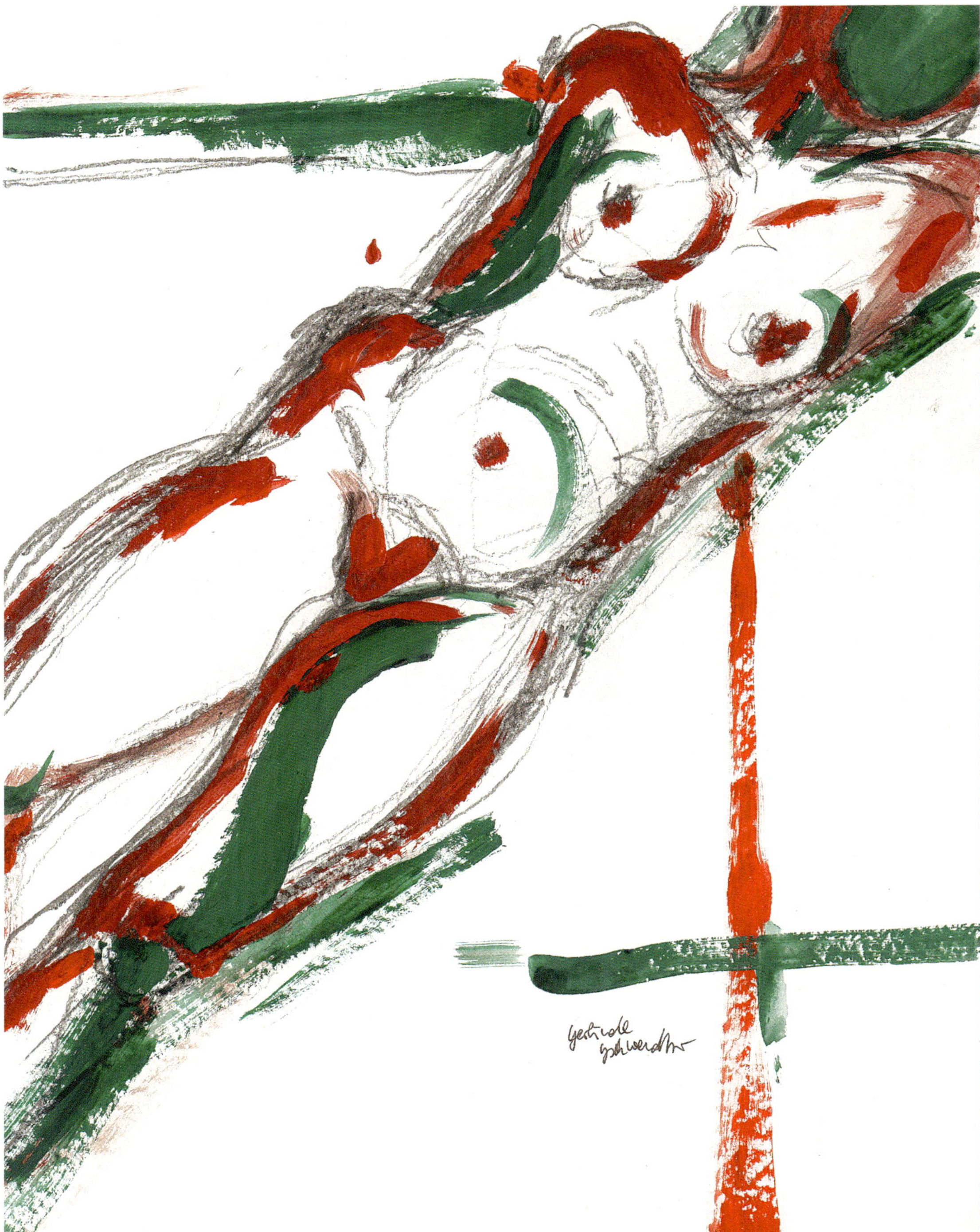

„Diagonaler Akt". Acryl.
Von links unten nach rechts oben erscheint die Diagonale im Bild dynamisch. Komplementärfarben in Rot und Grün verstärken die Aussage über die Lebenskraft der Figur.

Im Rahmen dieses Buches ist es nicht möglich, die ungeheure Vielfalt aller Figur- und Umraum-Kompositionen darzustellen. Dennoch sollte man sich bemühen, genaueres Wissen um die wesentliche Ausdruckskraft des Bildes über die Komposition zu erhalten.

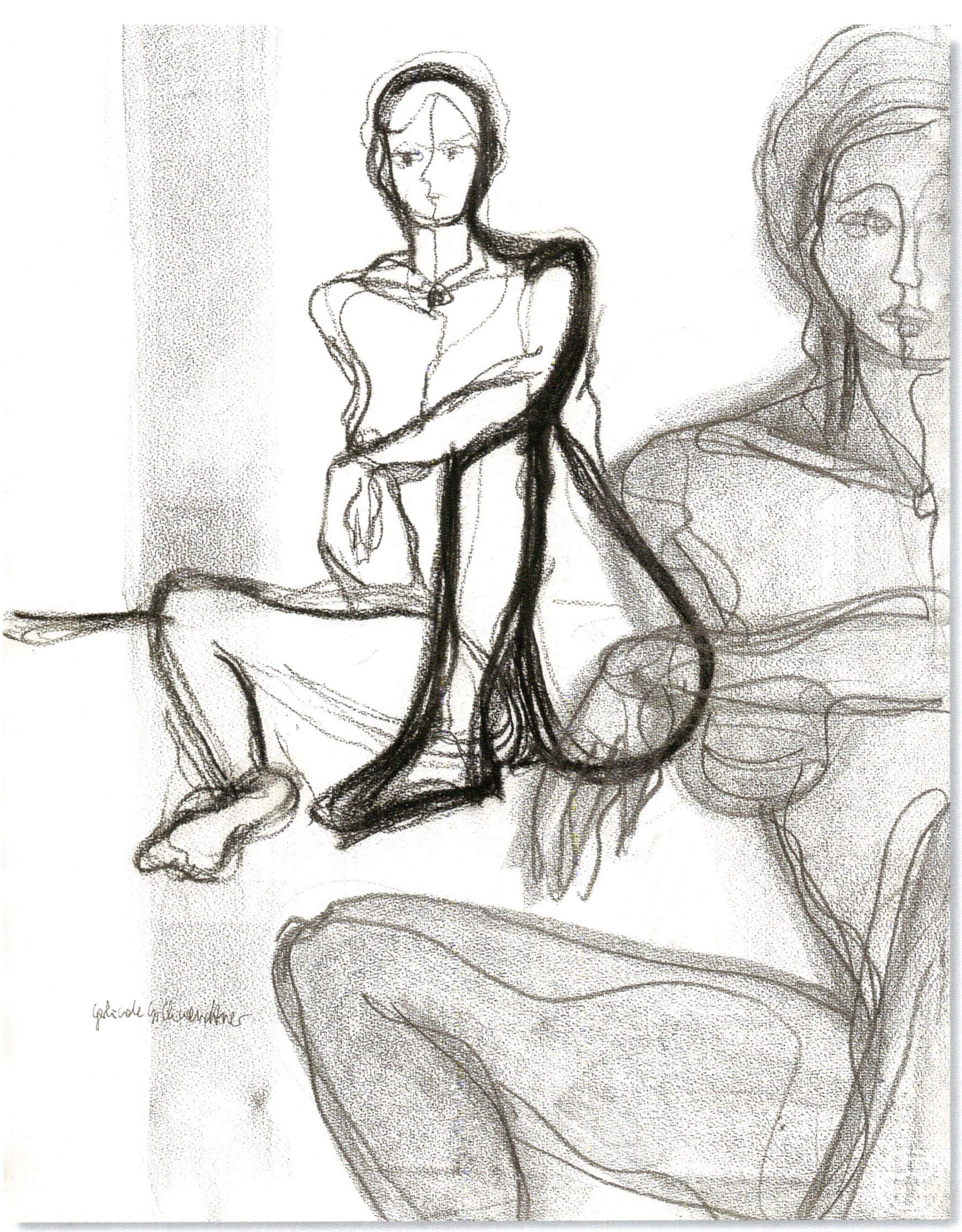

„Figuren". Kohle.
Mit einem weich umschreibenden Strich werden die Akte in das Bild gesetzt. Der Linienfluss bestimmt den Ausdruck.

Figurengröße
Die Größen der dargestellten Figuren im Verhältnis zum Umgebungsraum vermitteln ebenfalls starke Aussagen über den Menschen:
Die **Größenverhältnisse** sind ein wichtiges Instrument: So signalisieren kleine Figuren, verloren im Raum, ganz andere Gefühlsinhalte als große Akte, die das Format fast sprengen. Bei diesen angeführten Figur-Bildgrund-Kompositionen ist es nicht notwendig, den Ausdruck des Aktes durch viel Umfeld zu schwächen. Linien und Flächen, die die Körperhaltung betonen und sich aus der Körperlage heraus entwickeln, reichen als Umraumandeutung. **Gegensätzliche Formen** zum Körper betonen das Spannungspotential, das der Mensch in sich trägt.
Minimale graphische oder farbige **Weiterführungen** der Figurenformen in den Hintergrund bilden bereits ein einheitliches Bild für das Auge des Betrachters.

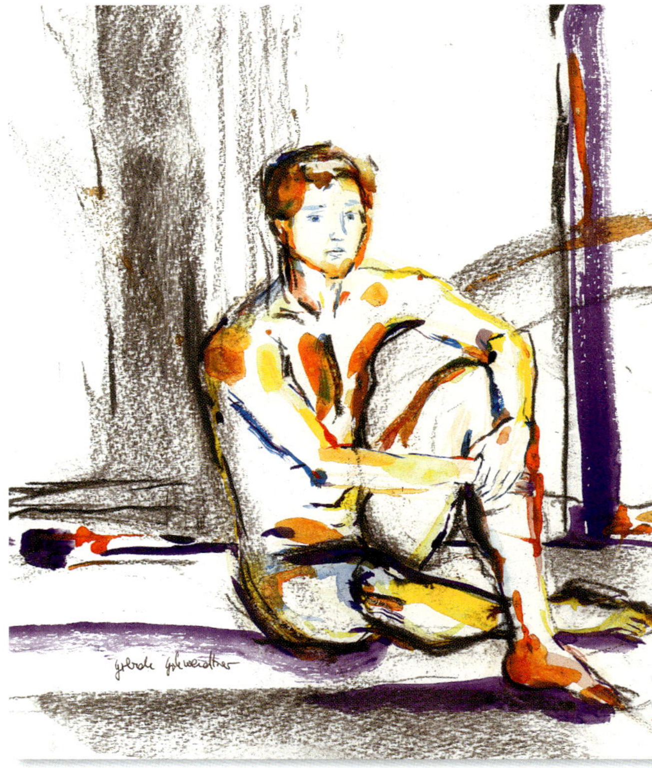

„Sitzender". Mischtechnik: Kohle und Aquarell. ▶
Die den Akt umschreibenden Umraumformen zeigen mit der Darstellung der Figur eine lebendige Bildkomposition.

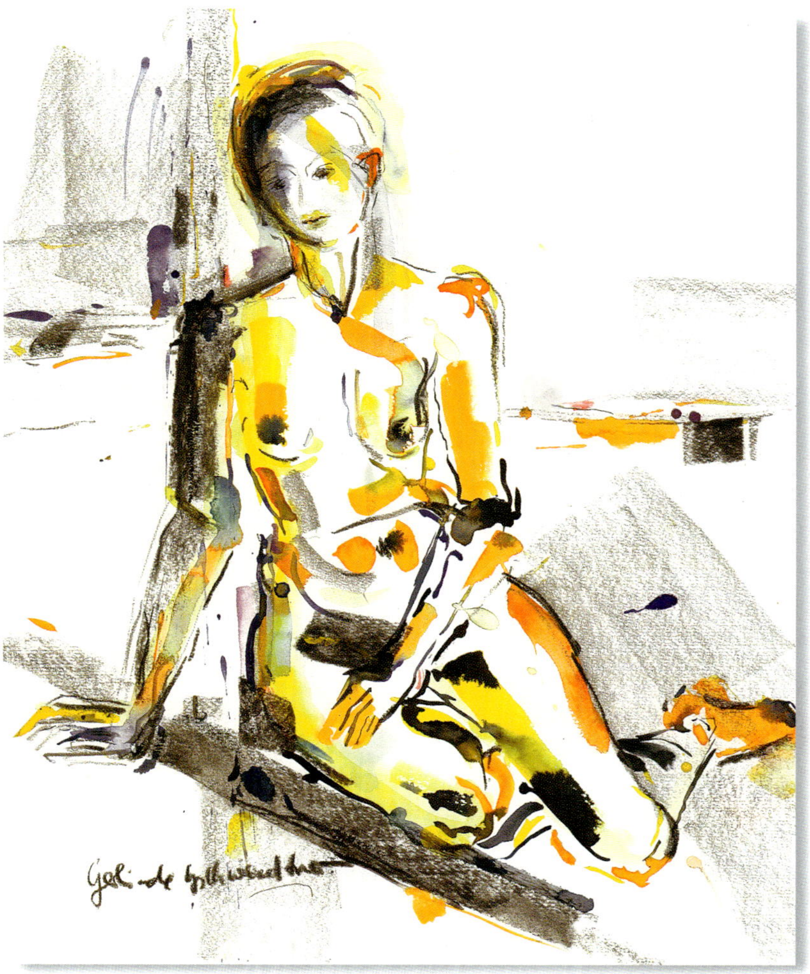

◀ ***„Nachdenklich". Mischtechnik: Kohle und Aquarell.***
Gerade Linien bringen Spannung in die Komposition durch den Gegensatz zu den Rundformen im Akt.

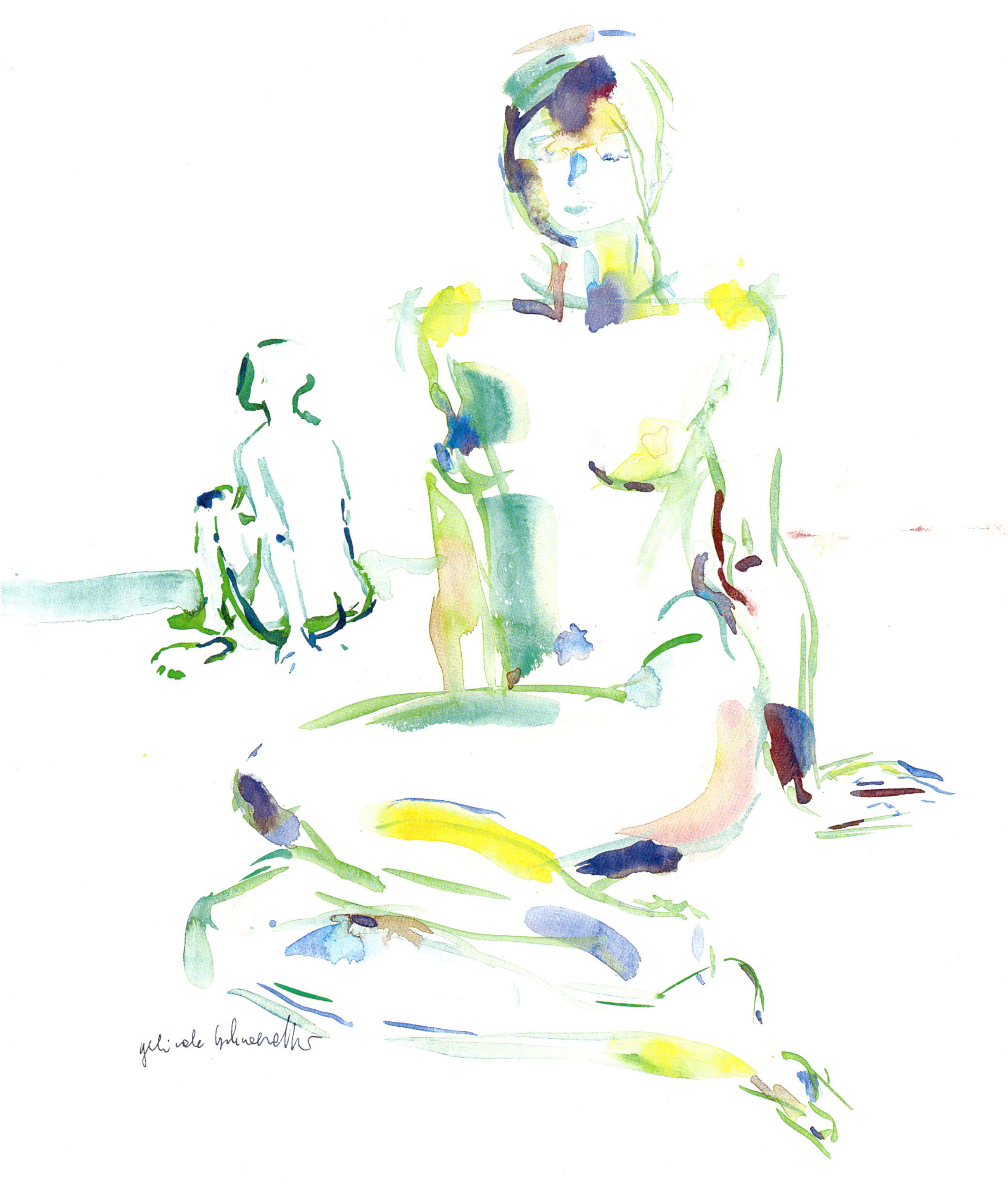

„Zarter Akt". Aquarell.
Die Andeutung des Bildraumes ergibt sich aus einer minimalen Horizontlinie und den unterschiedlichen Körpergrößen der Figuren.

Ausschnitte

Unvollständigkeit reizt! Der Betrachter kann selbst ergänzen, weiterträumen und sich interaktiv auseinander setzen. Im Bildausdruck des Ausschnittes sollen diese Wahrnehmungen und Emotionen anklingen. Ganz bewusst werden Teile des Menschen verschwiegen, verhüllt oder übermalt. Die Fantasie des Betrachters und der Wille des Menschen, Vollständigkeit zu sehen, wird dadurch angeregt. Die ungesehenen Teile der Aktfigur sind ein Teil der Aussage und müssen daher vom Künstler absichtsvoll gewählt werden.

Ausschnitte bezeugen die menschliche Fähigkeit, Dinge zu ergänzen und Fehlendes im Gedankenbild zu ersetzen. Der Bildbetrachter versteht die Bildaussage über das Ungemalte!

◄ „Halbakt“. Aquarell. *Eine klare Bildaussage über den Akt reduziert sich auf wenige farbstarke, malerische Formen.*

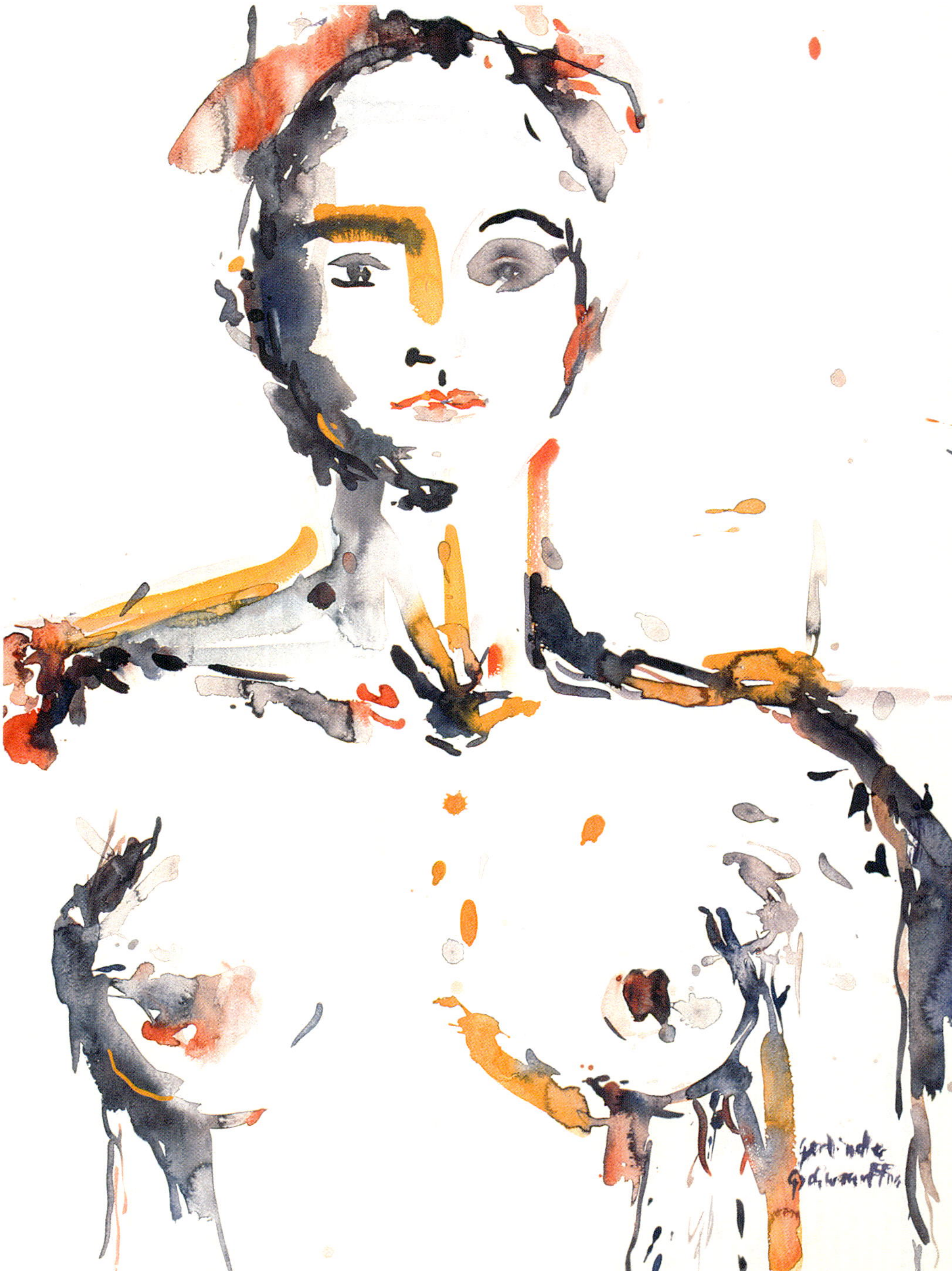

„Ausschnitt“. Tusche. ► *Die bildgestaltende Ausdrucksform des Figurenausschnittes wird durch den ungewohnten Duktus gebildet.*

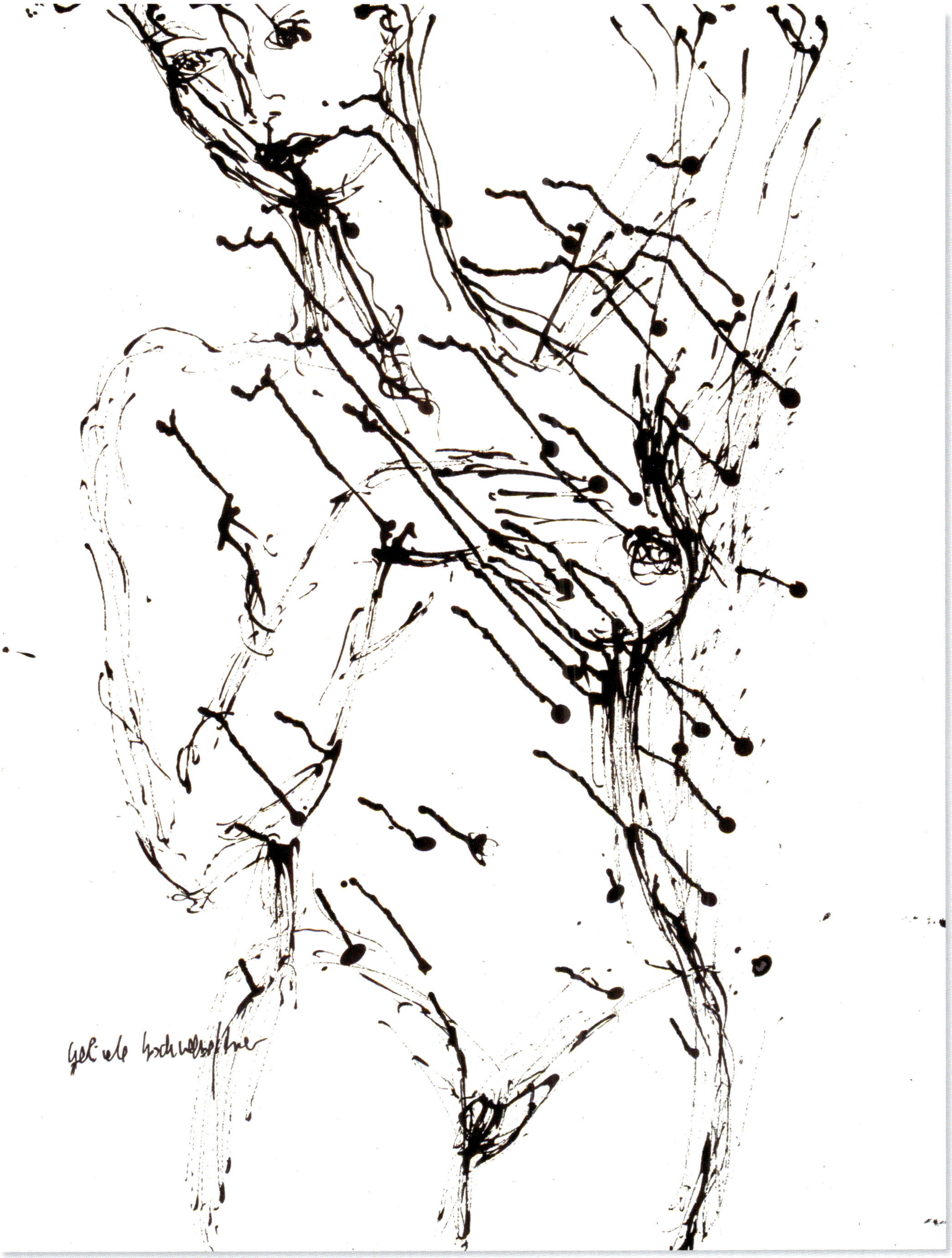

Figur und Umfeld

Bilder, die Menschenakte als Staffagefiguren einfügen, zeigen den Menschen als Teil eines ganzen Weltbildes, und seine Stellung wird durch die Umgebung definiert. Der Hintergrund bedeutet einen Teil seines Lebens. In Landschaften wird er als Teil der Natur, im religiösen Umraum als Teil des Glaubens und in Werbung und Reklame als Teil des manipulierbaren Funktionsträgers dargestellt. Kriegsschauplätze zeigen den hilflosen Akt oder den ausführenden Befehlsempfänger. Seine soziale Stellung wird im privaten Interieur gezeigt. Traumbilder lassen den Menschenakt sich verwandeln, verwurzeln und verdrehen. Auf diese Weise entlarvt sich die Lebenssituation des Menschen im Aktionsfeld des Bildes.

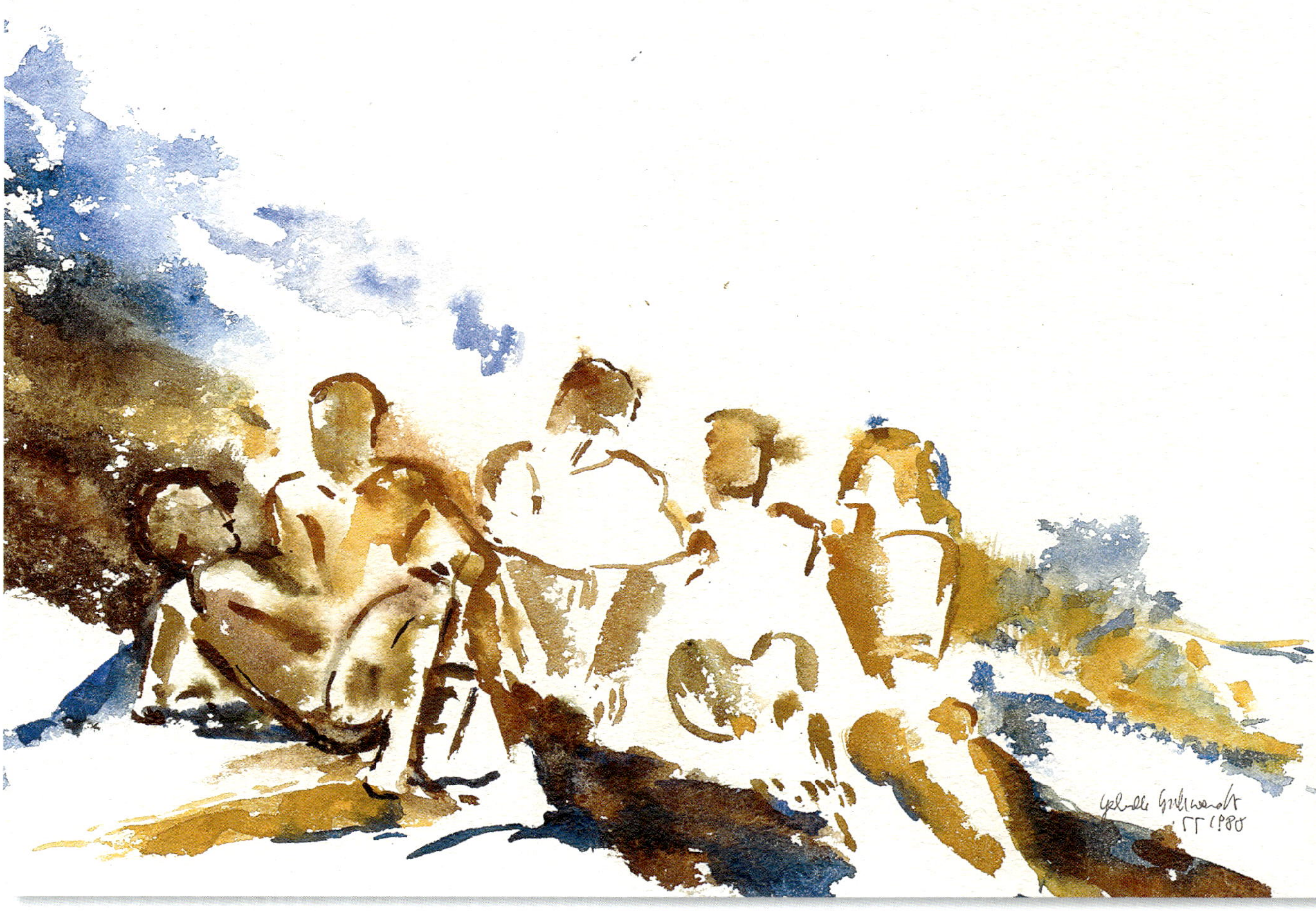

„Figurengruppe". Gouache.
In abstrahierter Form bilden die Akte eine Gruppe. Umraum und Menschen müssen nicht genau definiert werden.

„Kinder". Aquarell. ▶
In aufeinander bezogenen Formen und Farben bildet die Landschaft mit den Kinderfiguren eine harmonische Aussage.

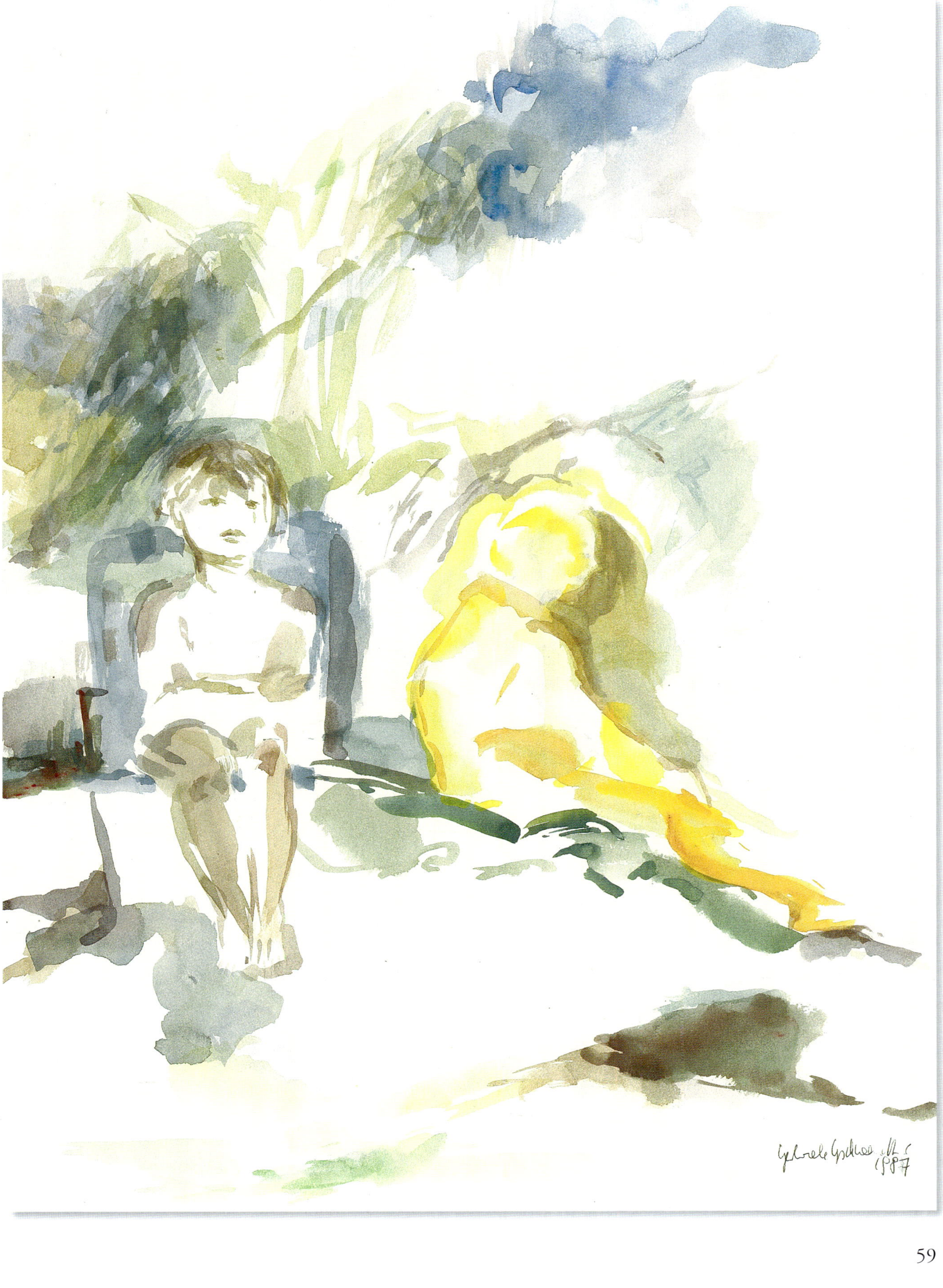

Die Darstellung des Menschen in Bewegung

Die Körpersprache übermittelt nonverbale Informationen über die Befindlichkeit des Menschen. Seine Dynamik und sein Rhythmus werden durch individuelle, raumgreifende Gestik und Motorik gekennzeichnet. Diese persönliche Lebendigkeit erfährt im Bild Gestaltung durch gezeichnete oder gemalte Bewegungsphasen. Damit kommt auch die Dimension der Zeit zu einer visualisierten Gestaltung.

Bildaussagen über den sich bewegenden Akt können in unterschiedlicher Art bildhaft festgehalten werden:
Eine klare Aussage ergibt sich, wenn der Körper in einem **Augenblick der Bewegung darstellerisch fixiert** wird.
Der Akt selbst ist **in Bewegung**: Der Künstler sitzt ruhig vor der sich bewegenden Figur. Dabei ist die Geschwindigkeit ihrer Dynamik ein bildauslösender Faktor. Je schneller die Bewegung des Modells (Minutenbilder), desto redu-

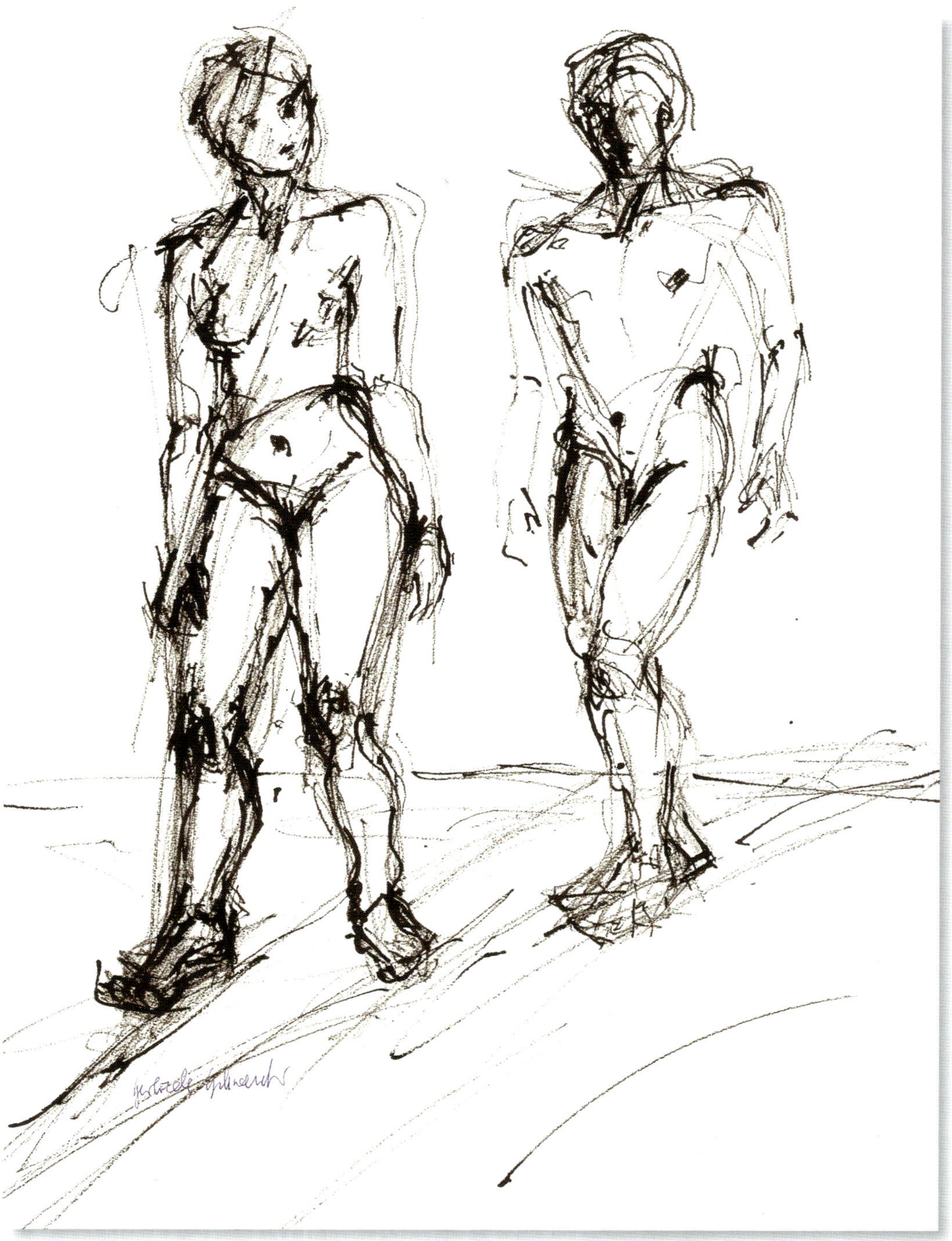

„Paarweise". Tuschfeder.
Die Körpersprache der gehenden Aktfiguren thematisiert angedeutet eine Beziehungssituation.

zierter werden Einzelheiten dargestellt. Dabei ist die Mal- und Zeichentechnik ein zusätzliches, ausdruckstarkes Bildelement. Sie bringt Nachdrücklichkeit in die Bildaussage, und jeder Künstler sollte über viele Experimente in diesem Arbeitsprozess Erfahrung über seine Ausdruckskraft gewinnen.

Bewegungsbilder sind dem Kunstbetrachter heute gewohnter als in vergangenen Stilepochen. Durch die Medien Film, Fernsehen, Video und Internet werden veränderliche Bildabfolgen gut verstanden und auch in Bildern mit starker Abstraktion erkannt.

Harmonische Aktbilder in Bewegung entstehen auch durch **rhythmische Wiederholungen** der Körperdynamik. Gegensätzliche Formen bringen Spannung in das Bild. Wiederholungen von Körperformen, die in Bewegung gezeigt werden, suggerieren dem Betrachter Laufbilder. Besonders bei starker Gestik oder Motorik des Menschen wirkt die abermalige Paralleldarstellung der gleichen Umrissformen wie eine Vernetzung des Raum-Zeit-Faktors.

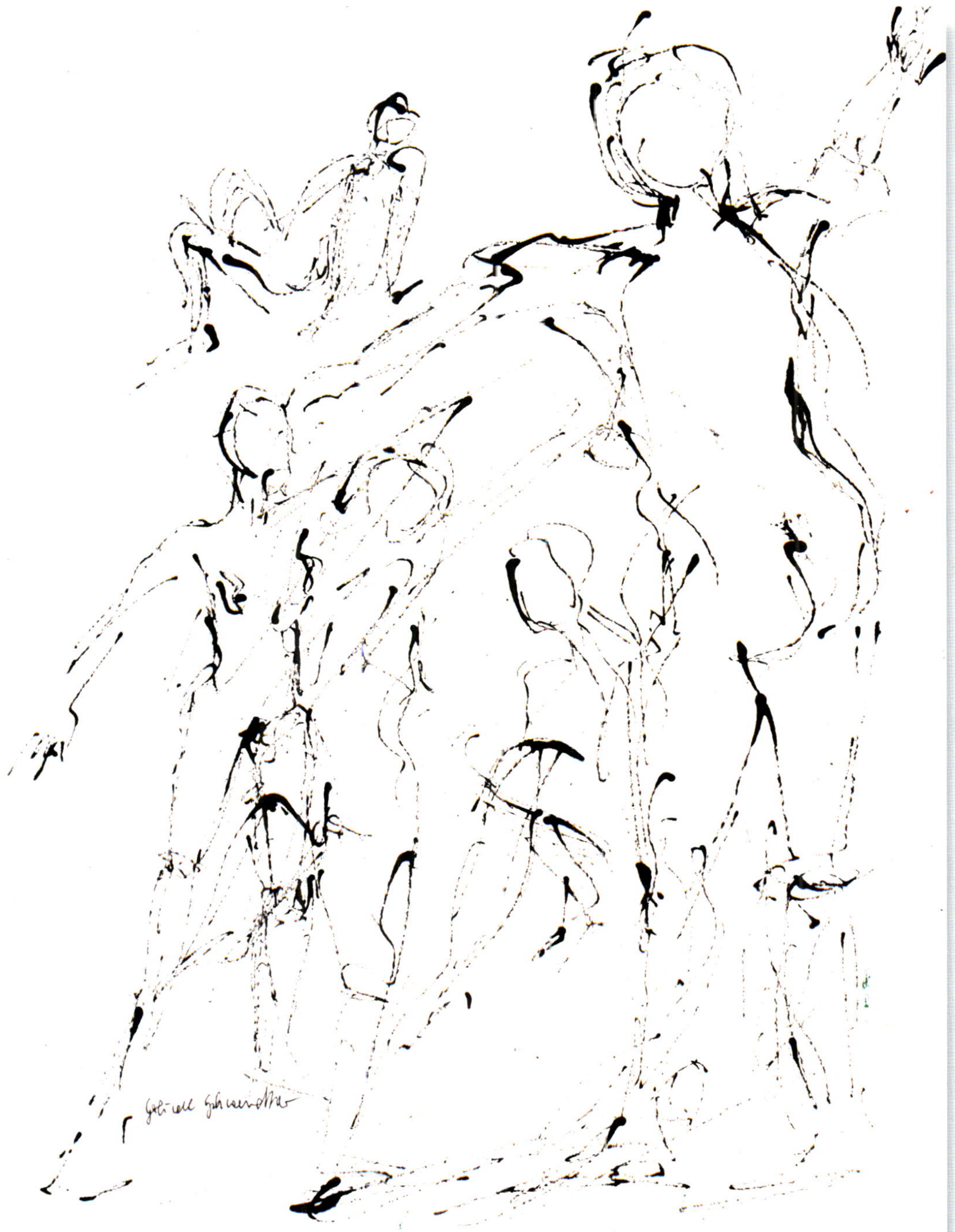

„Bewegungen“. Tusche. Schnelle Positionsänderungen des Aktmodells bewirken in der Bildkomposition die Streuung der Figuren über den ganzen Bildraum.

Eine andere Möglichkeit sind **Überschneidungen**: Fluchtpunkte, die den Körper von verschiedenen Perspektiven erfassen, können im Bild überraschende Blickwinkel auf den Menschen eröffnen. Die Darstellungen der Formen überschneiden sich und verdichten bildhaft die Bewegung. Eine Steigerung des künstlerischen Ausdrucks wird zusätzlich durch verschiedene Größenverhältnisse der bewegten Figuren erreicht.
Ein besonderer Bewegungsaugenblick in der Darstellung ist der **Kontrapost**, die **Ponderation** (lat. ponderare „abwägen"). Die klassische Idee, den Augenblick der Veränderung von Ruhe zur Bewegung darzustellen, bietet einen spannungsvollen Ausgleich der Schwerpunktveränderung im Körper. Der Akt zeigt in der „Spiel- und Standbeinstellung" stark veränderte Körperlinien. Die S-Form der „Schönen Madonna" im Mittelalter zeigt diese reizvolle Körperstellung ebenso wie zeitkritisch überzeichnete Idolbilder der Pop-Art.
Der Künstler, der sich zeichnend um das Modell bewegt, löst die Frontalansicht der Form auf. Die Verbindung zu persönlichen Sehweisen, die der Maler einnehmen darf, erweitert durch die Betrachtung des Bildes auch die Sicht des Betrachters.

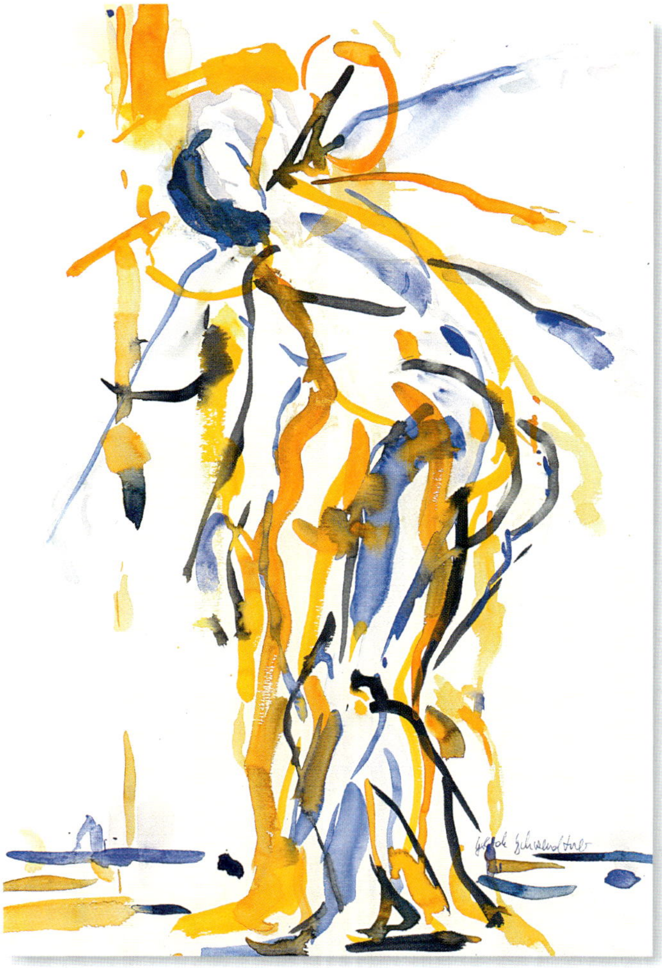

„Tanz". Aquarell.
Versetzte Formwiederholungen des Aktes in reinen Farben geben den Körperrhythmus der Figur expressiv wieder und sorgen für Dynamik.

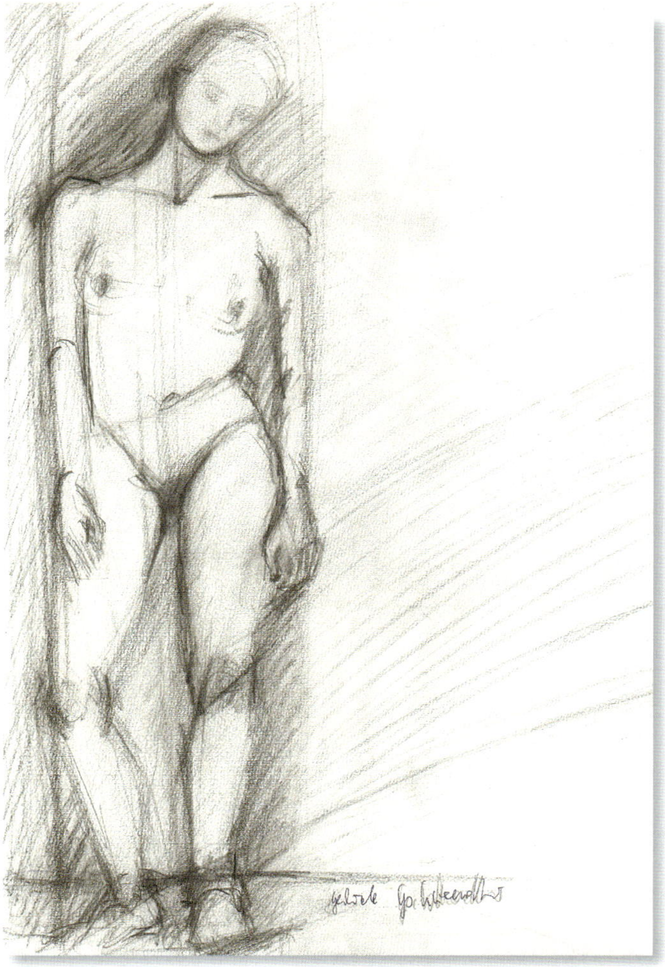

„Spiel- und Standbein". Grafitstift.
So selbstverständlich diese Körperhaltung auch erscheint, wirkt sie doch durch ihre komplexe Form ausdrucksstark durch den verdichteten Grafitstrich.

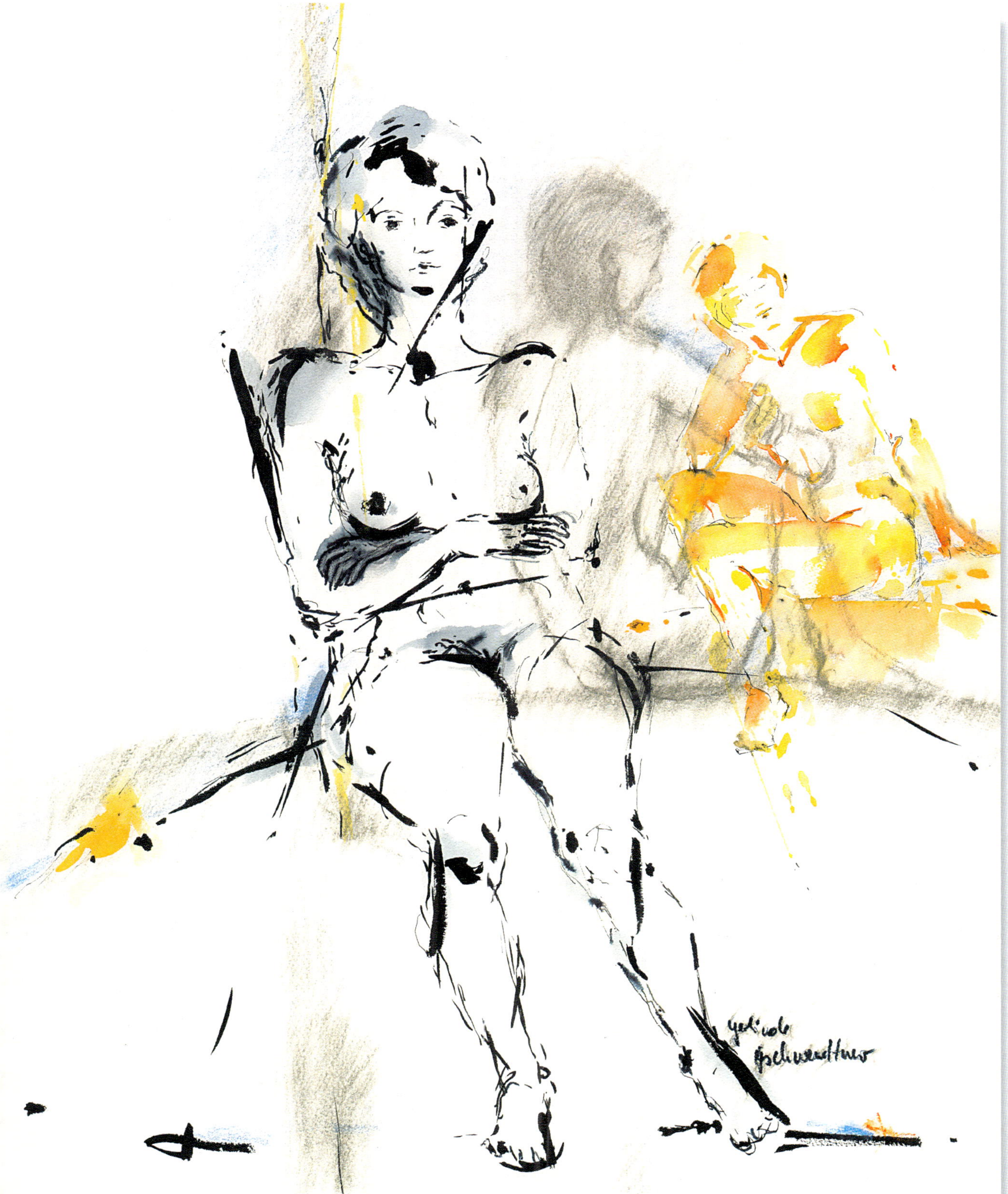

„Figurüberschneidung". Mischtechnik: Tusche Kohle, Ölkreide und Aquarell.
Verschiedene Akte in unterschiedlichen Größen und Positionen überschneiden sich und gestalten eine durchdachte Bildkomposition.

Körperporträts

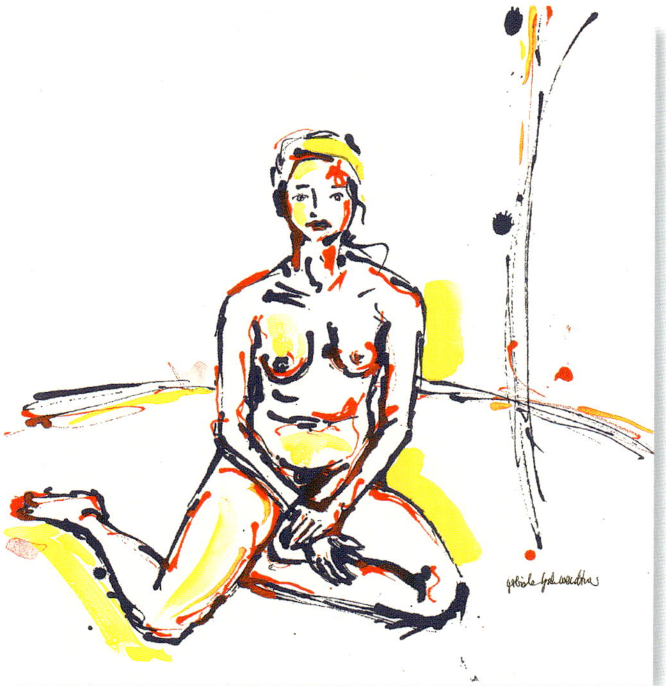

„Akt 17". Mischtechnik: Tusche und Aquarell.
Die locker gesetzte Figur wird in wenigen Farbflecken und Formen akzentuiert. Ein direkter Blickkontakt ist möglich.

Die Überprüfbarkeit der Beziehung der abgebildeten Figur zum realen Menschen kann nicht als Kriterium für ein qualitätsvolles Bild angesehen werden. Das Bild steht als analoge Wirklichkeit für sich selbst, unabhängig vom Vorbild. Die künstlerische Darstellung bedingt deshalb eine persönliche Kraft, um über der Abbildung der Wirklichkeit eine neue „Bildwirklichkeit" zu schaffen. Der schöpferische Künstler schöpft also aus der vorhandenen Figur die Möglichkeiten zu einer verdichteten Aussage.
Abbilder, die nur messbare Ähnlichkeit haben, bedeuten wenig. Erst im Zugriff des gestaltenden Malers und Zeichners entsteht eine neue, nicht genormte Sicht des Menschen. Der Künstler, aber auch der Kunstbetrachter, braucht Mut und Offenheit, um sich darauf einzulassen.
Expressive, subjektive Darstellungen entstehen manchmal spontan. Eine Form, eine Farbbeziehung oder eine Kompositionslinie in der Körperhaltung springt ins Auge und

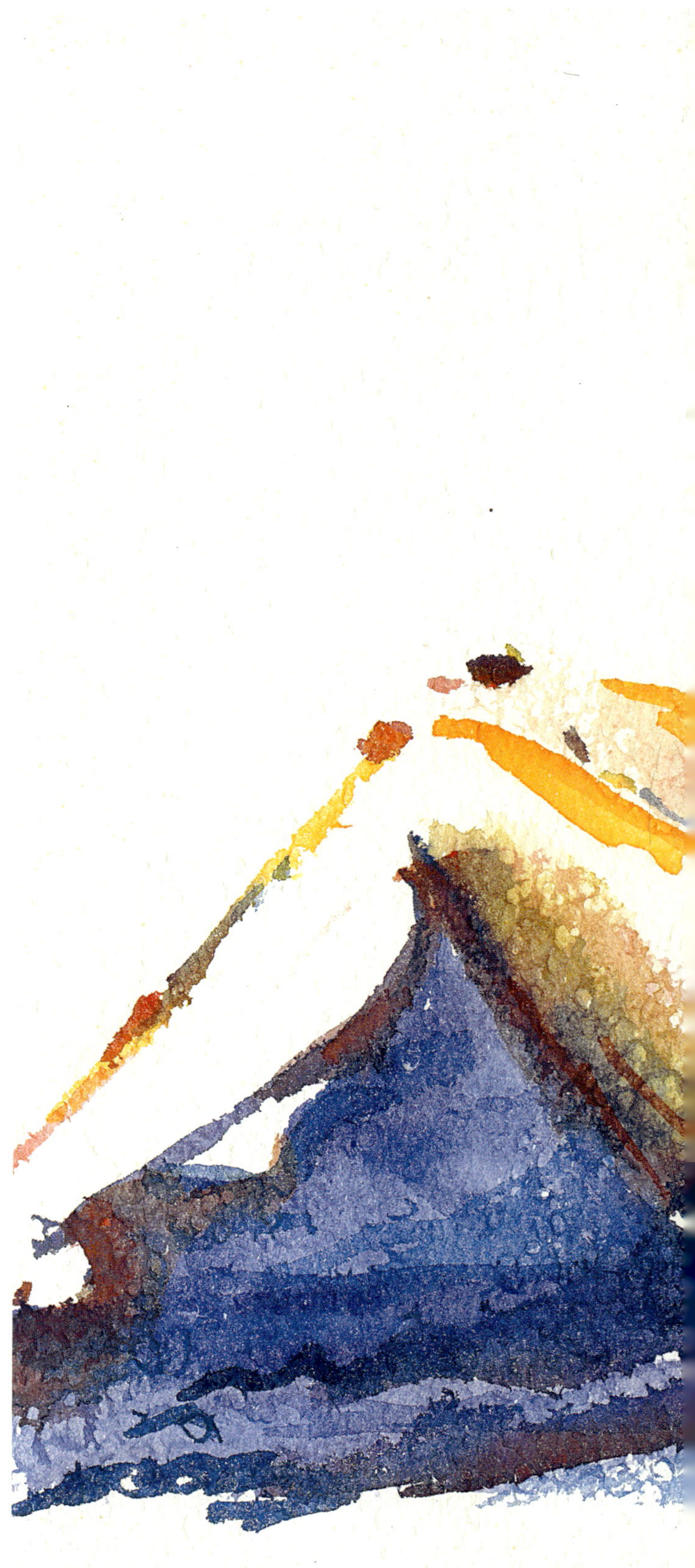

„Am Strand". Aquarell.
Die gelöste Körpersprache signalisiert auch ohne Einzelheiten die Befindlichkeit des Menschen.

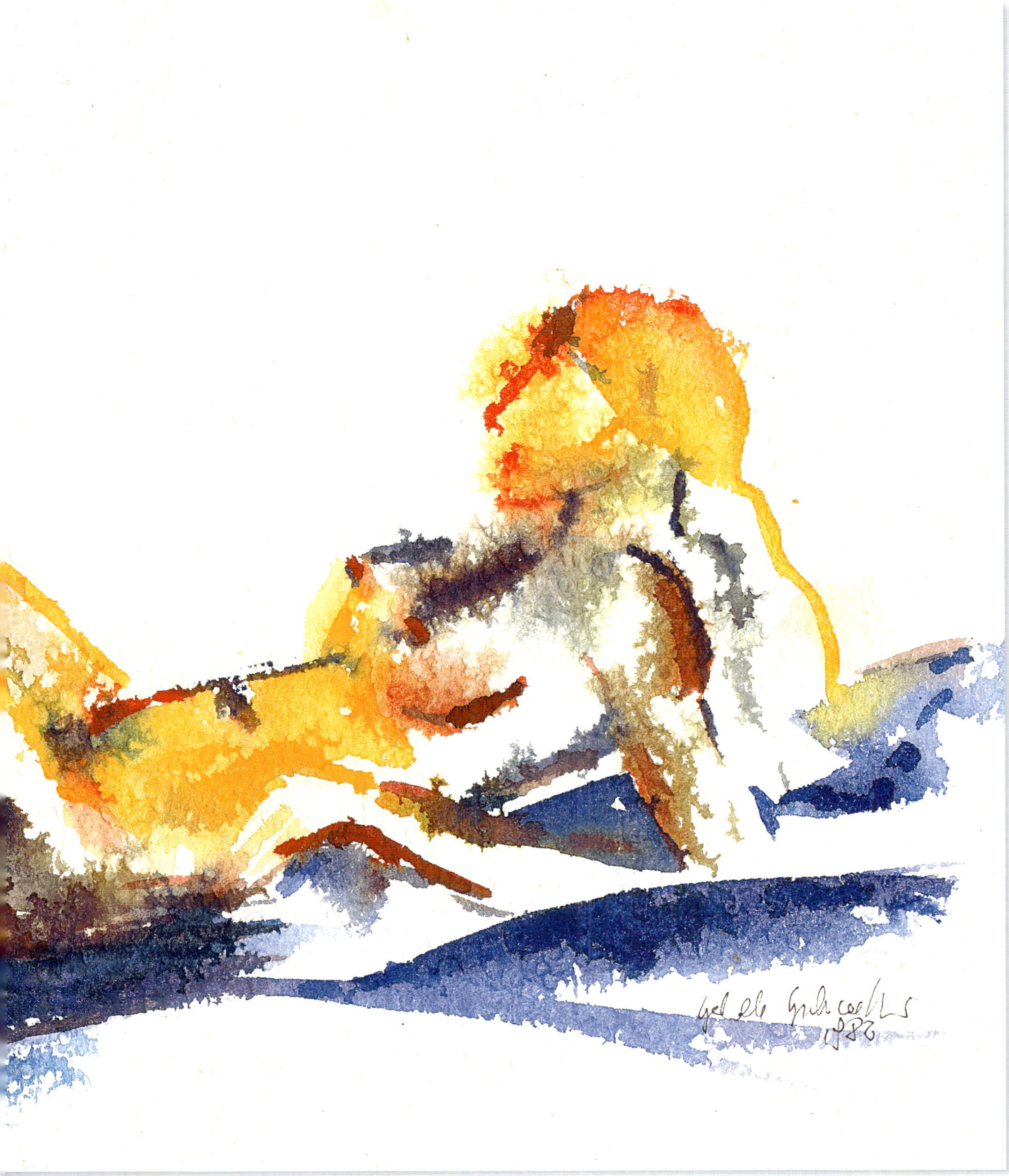

wird festgehalten. Die Verstärkung dieser persönlich empfundenen Betonungen ins Extreme, sowohl in der Farbe als auch im Duktus, schließt die Gewohnheit des Sehens aus, und expressive Körperporträts entstehen. Voraussetzung ist allerdings unbedingte Ehrlichkeit, um das auszudrücken, was „wahr" genommen wird. Effektspielereien sind vollkommen überflüssig!
Manchmal schält sich erst in einem langen Seh- und Erkennungsprozess ein qualitätsvolles Aktporträt heraus. Die Zeit für die Arbeit ist dabei bedeutungslos. Zusatzaussagen, die nicht über das Medium Bild vermittelt werden, wirken auf den Betrachter manipulatorisch. Auf diese Weise werden andere Emotionen geweckt. Schlüsselreize, wie die Überbetonung primärer und sekundärer Geschlechtsmerkmale, gehören dazu. Heldenposen, sentimentale, rührselige Armutshaltungen, das „Böse", das „Gute" werden in einer oberflächlichen Vereinfachung des menschlichen Ausdrucks abgebildet. Diese Reduktion auf nur eine Ebene des Betrachtens eines menschlichen Wesens kann vielleicht zeitkritisch überscharf dargestellt werden. Ohne diesen Hintergrund wird ein Bild nur als visuelles Manipulationsmittel verwendet.

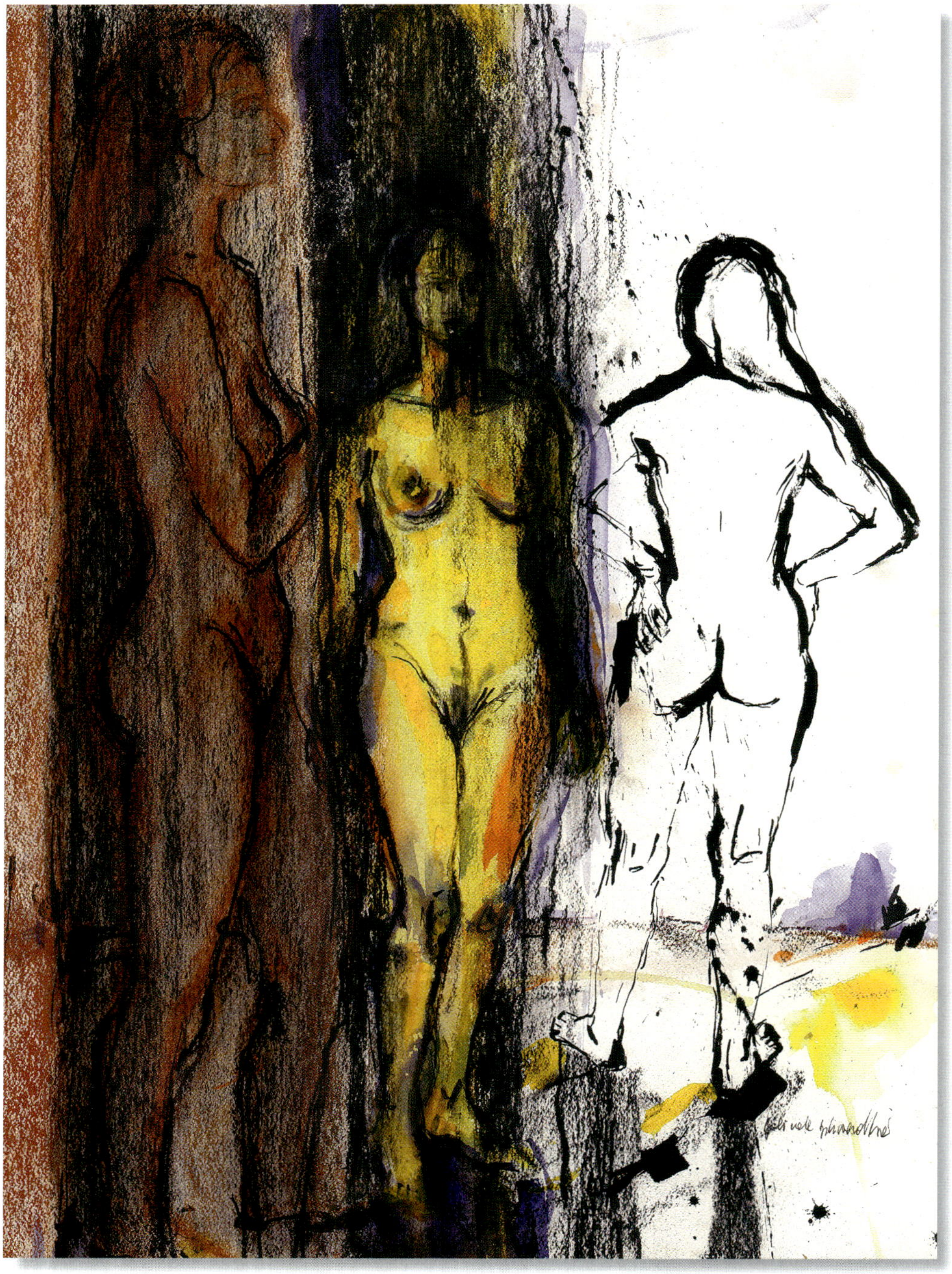

„Zu dritt". Mischtechnik: Rötel, Kohle und Aquarell.
Perspektivisch angeordnete Figuren im Goldenen Schnitt beschreiben den Akt von vorne, seitlich und rückwärts. Trotz Technikwechsels verbindet sich das Bild durch die Formkomposition.

Abstraktionen

Abstraktionen in der Darstellung des Aktes bedeuten das Weglassen von Einzelheiten und Besonderheiten, um eine verwesentlichte Gestaltung des Menschenbildes zu erreichen. Dies kann nicht automatisch durch einfaches, unüberlegtes Verzichten auf Details entstehen. Beim Abstraktionsprozess muss sich der Künstler im Klaren sein, welche verdichtete Aussage über den Menschen seine Bildbotschaft bringen soll. Darüber gibt es vielschichtige Vorstellungen. Der Mensch in seinem komplexen Dasein hat unzählige Bezugspunkte, auf die hin abstrahiert werden kann. Diese Vielfalt an Aussagen muss der Künstler subjektiv werten.

Die Darstellung des Menschen kann sich im Abstraktionsprozess auf nur wenige Anhaltspunkte des Naturvorbildes beschränken. Das Menschenbild wird vom Künstler dadurch auf eine starke Verwesentlichung gebracht und fordert damit den Betrachter heraus, die Reduktion zu erkennen.

Vom abstrakten Bild des Menschen bis zum superrealistisch gemalten, gegenständlichen Bild gibt es viele

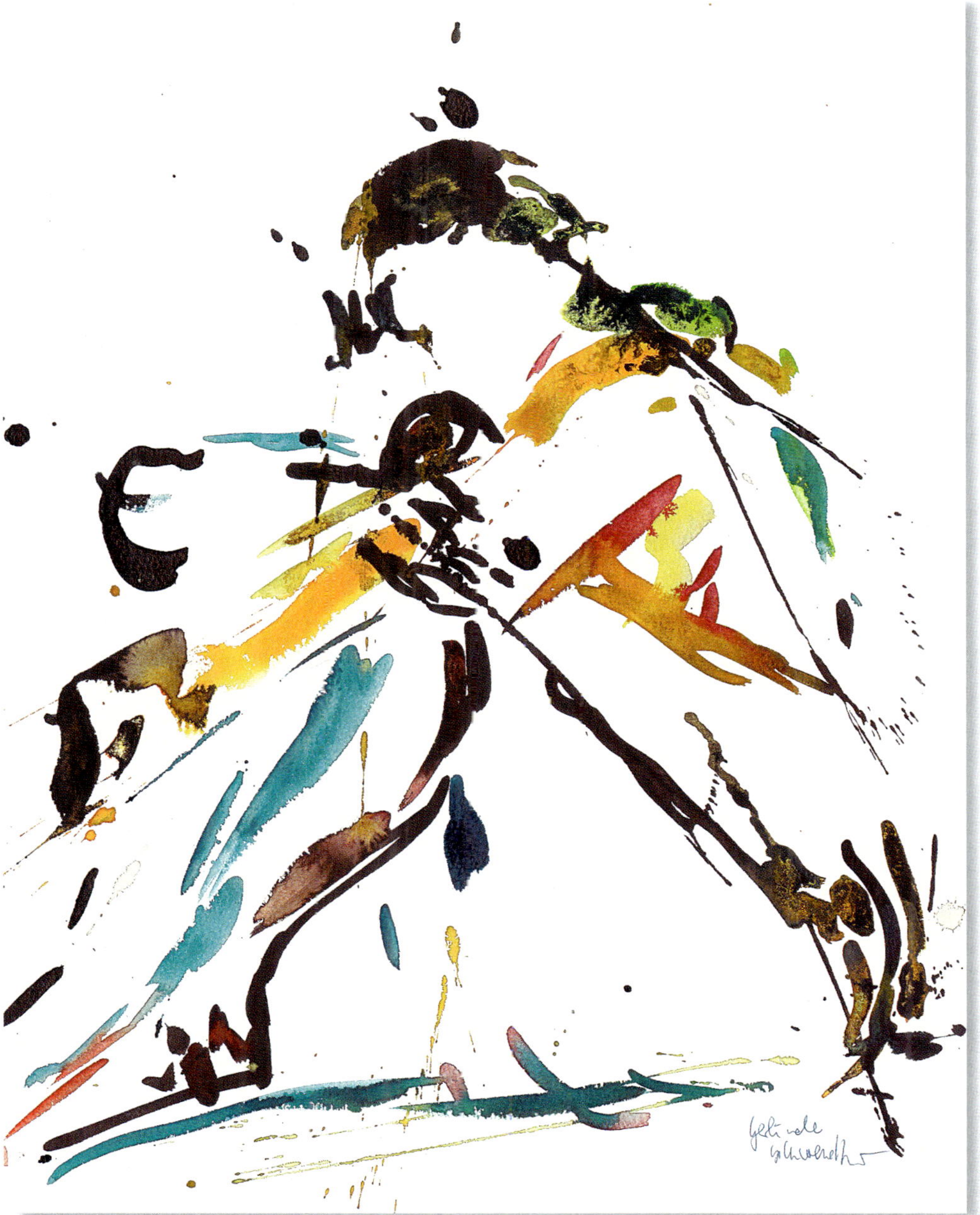

„Hockend". Aquarell.
Auf eine Dreieckskomposition abstrahiert sich die komplex durchschichtete Körperform des Aktes. Hell-Dunkel-Kontraste und Komplementärfarben bringen Spannung in das Bild.

Zwischenstufen. Abstrahierte oder stilisierte Menschenakte verzichten auf radikale Verdichtung und lassen gegenständliche Ähnlichkeiten in geringerem Maße bestehen. Der **Weg des Abstrahierens** mit einem langsamen Weglassen von unwichtigen Details im Akt ergibt aufschlussreiche Bilderfolgen.

Der **Weg des Determinierens** (lat. determinatio „Begrenzung") beginnt bereits bei der wesentlichen Linie oder

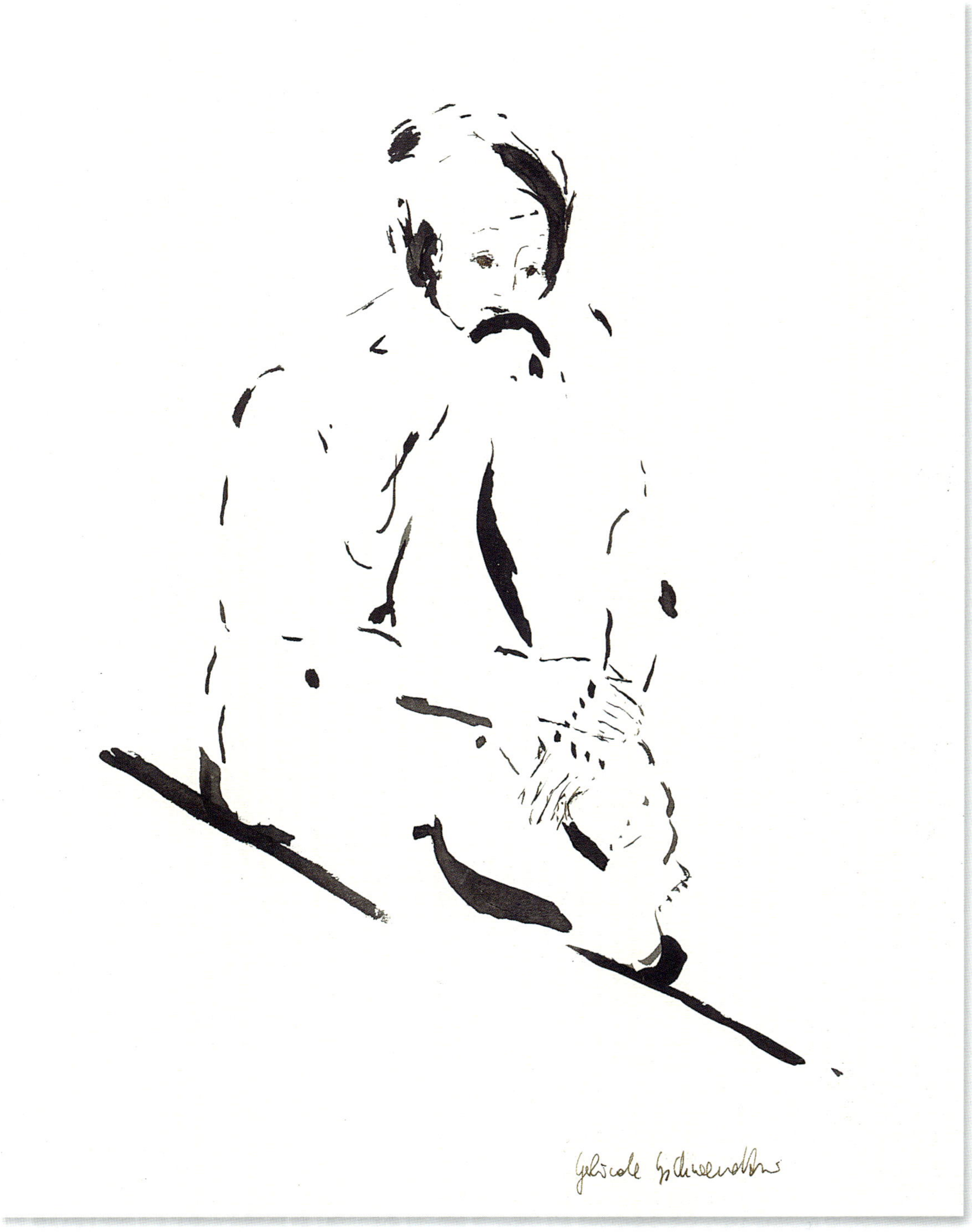

„Frau". Tusche.
Wenige Punkte und Linien akzentuieren die Figur. Das Bildthema entsteht im Betrachter.

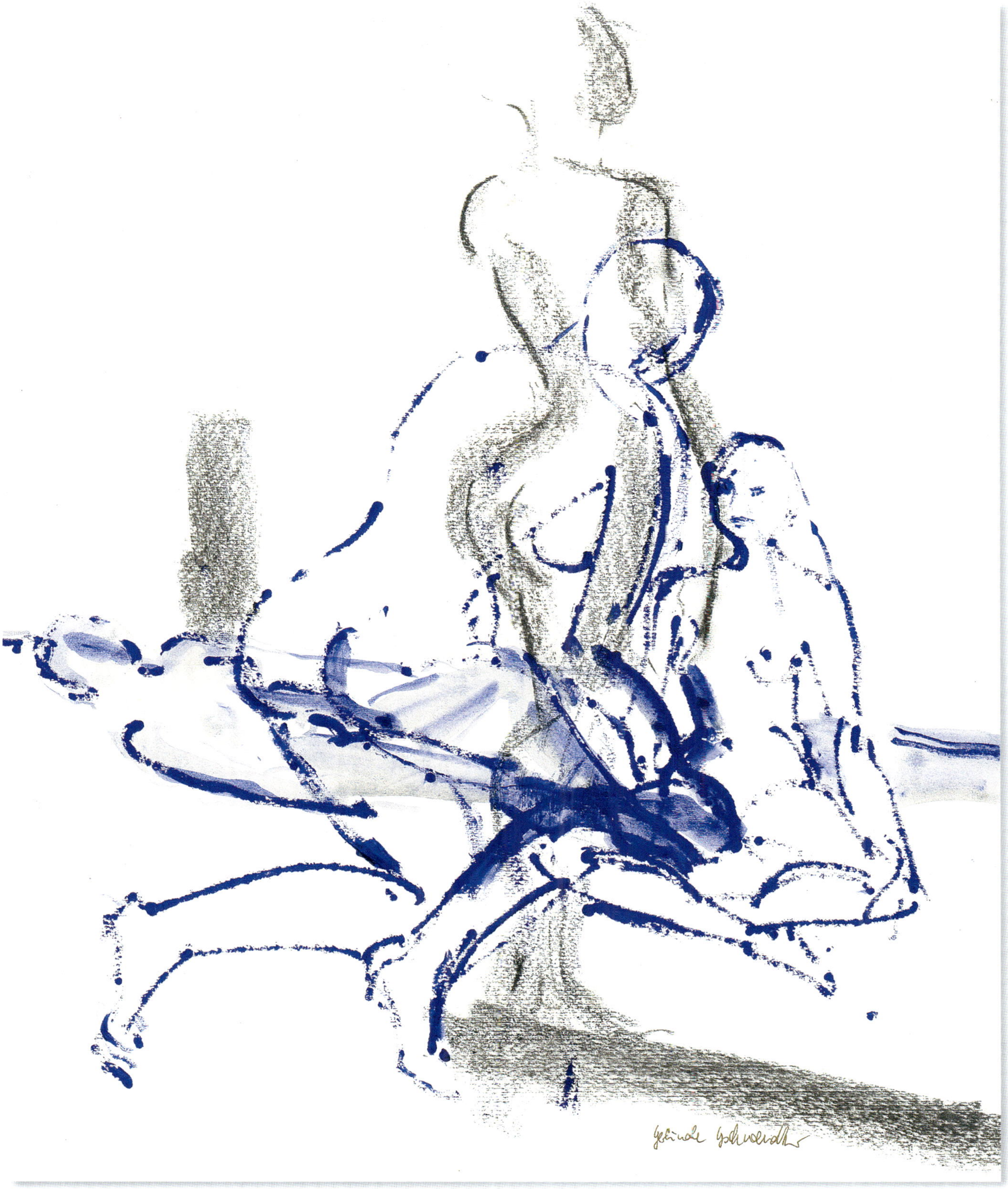

„Akte". Mischtechnik: Kohle und Gouache.

Überzeichnungen von Akten bis hin zu einer verdichteten Figurenkomposition geben dem Betrachter die Möglichkeit, persönliche Eindrücke zu empfinden.

Farbe des Menschen und fügt immer mehr Details hinzu, bis zur Wiedererkennbarkeit eines bestimmten Modells. Beide Wege sollen vom Künstler beschritten werden können. Sie zwingen ihn, seine geistige Haltung über die bildhafte Darstellung auszudrücken. Völlig detailgetreu kann niemand das Naturvorbild abzeichnen. Bereits im Akt des Sehens werden Einzelheiten vernachlässigt. Durch die gewählte Darstellungstechnik muss die Aufmerksamkeit auf bestimmte Wiedergabemöglichkeiten gelenkt werden. Z. B. erfordern Tuscharbeiten Linien und Flächen, usw.
Die Konzentration beim Betrachten des Aktes auf farbige Flächen (impressionistisch) filtert bereits das Farbsehen heraus; Linien werden dabei vernachlässigt.
Abstraktionen der Figur in Richtung eines gesteigerten Ausdrucks verlangen Farb- oder Formübersteigerungen. Das Bild wird abstrakt-expressiv.
Abstraktionen zu einer harmonischen Idealvorstellung vermeiden unpassende Details. Die rhythmische Lebendigkeit des Körpers zeigt eine dynamische Überbewertung der Körpersprache. Bei einer Abstraktion des Menschen auf seine konstruktiven Besonderheiten werden nur einige tragende Punkte und Linien herausgenommen.
Diese Auswahl an Beispielen für Abstraktionen des menschlichen Körpers im Bild lassen vor allem eines erkennen: Jeder Maler muss sich beim Herausarbeiten eines Abstraktionsbildes subjektiv auf das für ihn Wesentliche beschränken. Die ganze Kraft der Aussage darf nicht durch unwichtige Details gehemmt werden. Durch die abstrahierte Darstellung wird der Betrachter direkt auf die Sehweise eines anderen Menschen geführt.
Es gibt für Abstraktionen keine Formeln oder vorgegebene Muster für den Künstler. Der Anspruch an sich selbst sowie der Anspruch, individuelle Stellungnahmen in verdichteter Form im Bild zu definieren, sind sehr hoch, denn das komplexe Thema „Mensch“ kann in großer Vielfalt einem Verwesentlichungsprozess (Abstraktion) ausgesetzt werden. Alles, was der Künstler über den Menschen weiß, sieht und empfindet, fließt in den abstrahierenden Gestaltungsvorgang ein.

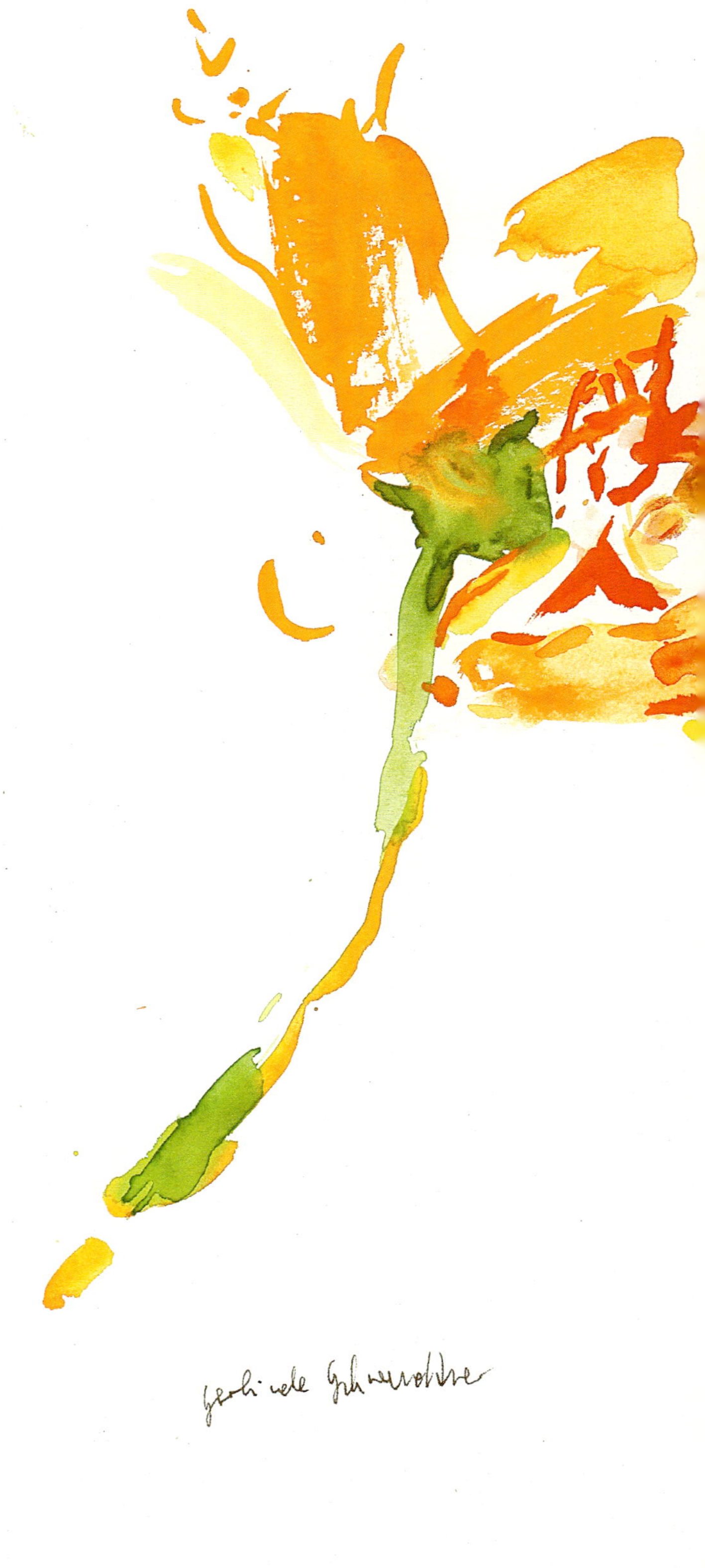

„Schrägliegende“. Aquarell.
Eine diagonale Körperlage und warme Farben gestalten den sehr stark abstrahierten Akt zu einem ungewöhnlich freien Bild.

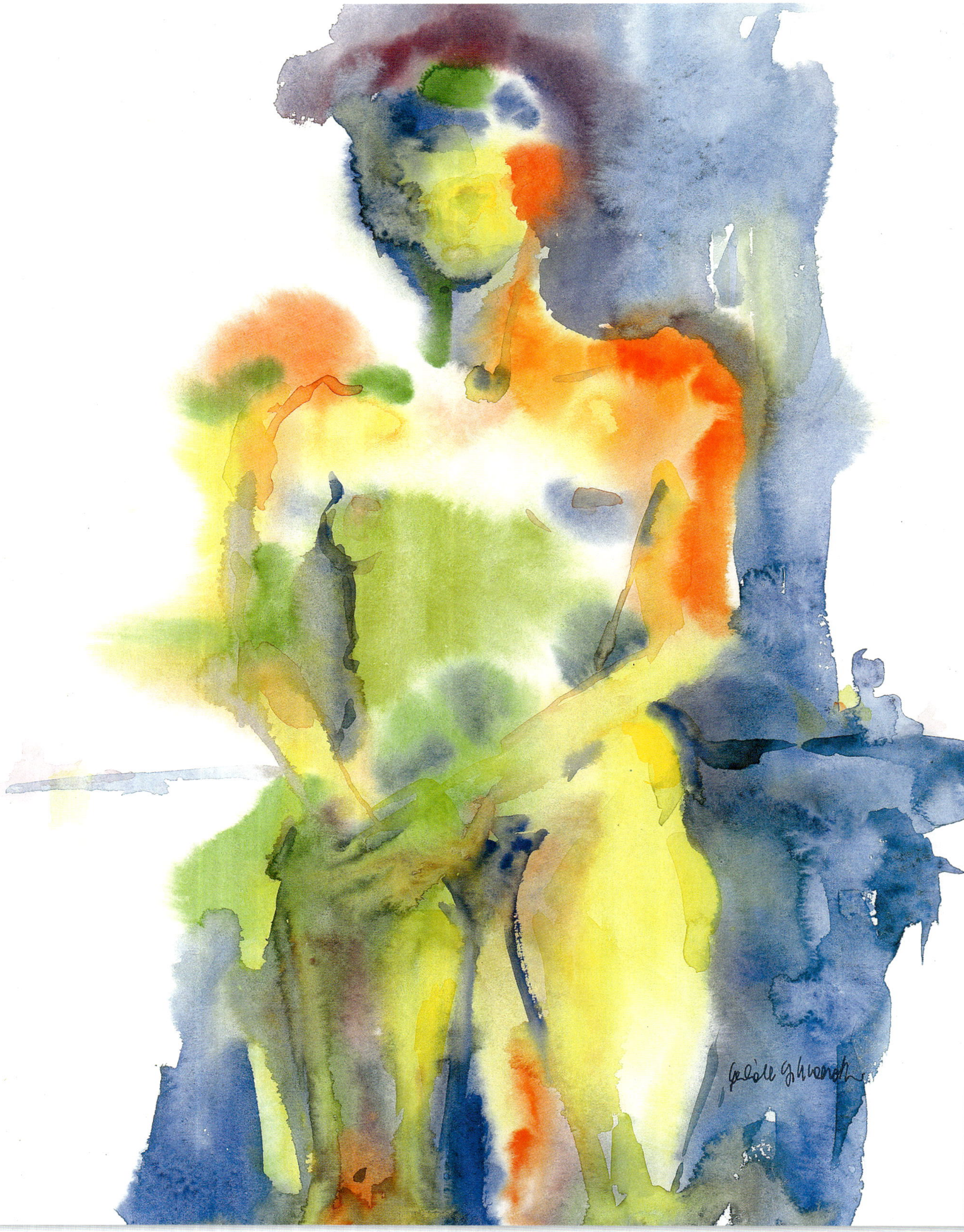

„Farbakt". Aquarell.
Den Aktausschnitt gestalten die Komplementärfarben Blau – Gelborange und Rot – Grün zu einem expressiven Farberlebnis.

Blindzeichnungen - Erinnerungszeichnungen

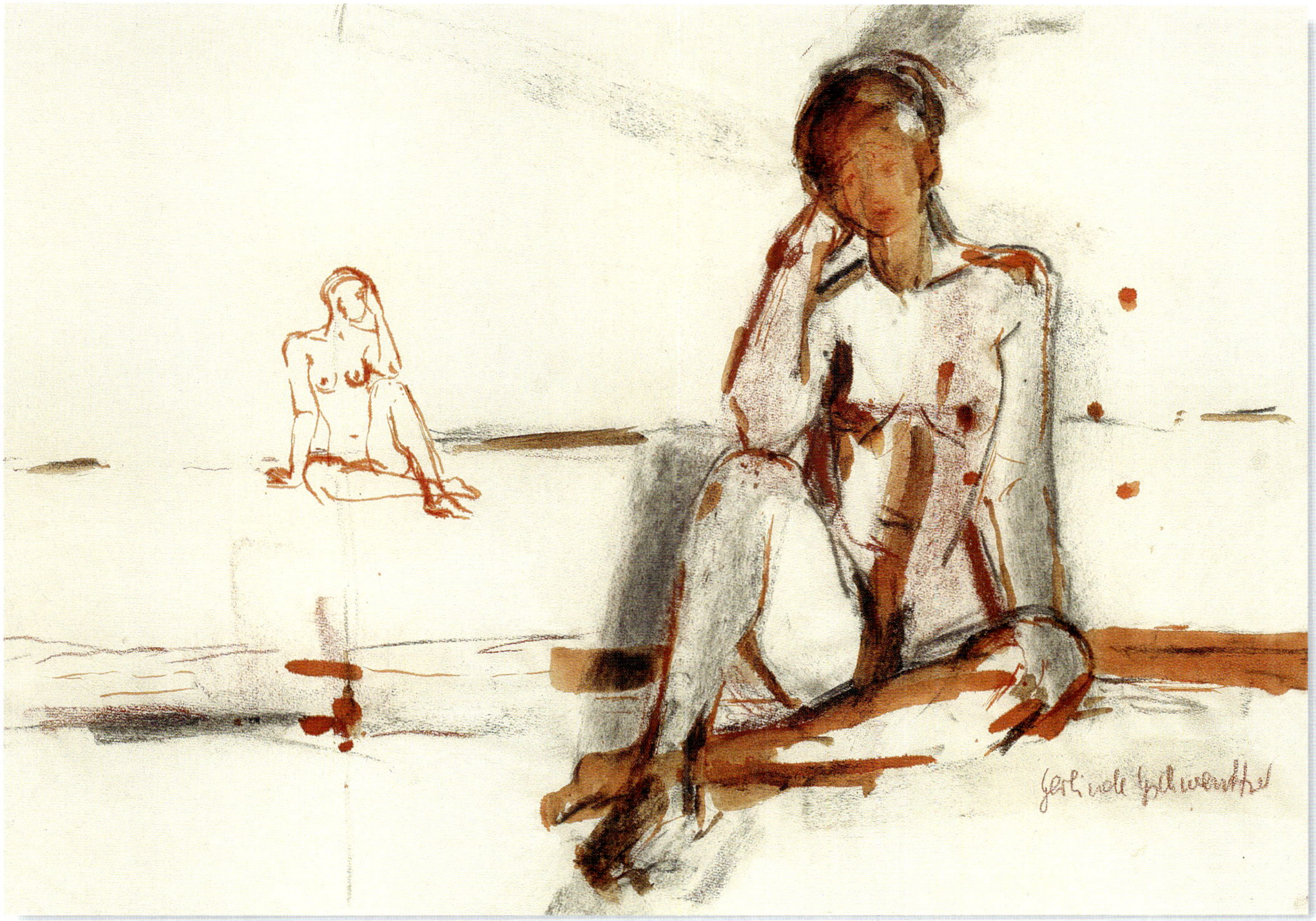

„Im Freien". Mischtechnik: Farbtusche und Aquarell.
Die zwei Aktfiguren beziehen sich nur durch wenige Formen aufeinander. Trotzdem ist das Bild eine geschlossene Einheit.

Zur Übung und Selbsterfahrung der eigenen Bildsicherheit kann sich der Künstler einiger Möglichkeiten bedienen. In Skizzen, schnellen Studien, aber natürlich auch im durchkomponierten Bild werden meistens Darstellungen nach einem lebenden Vorbild geschaffen.
Es gibt aber auch Künstler, die jedes Arbeiten vor einem bestimmten Modell nur als Grundlage zur freien Gestaltung von Fantasie-, Traum- oder Erinnerungsbildern betrachten. Hier wird die Realität als die freie Darstellung der Bildbotschaft hindernd angesehen, und „innere Menschenbilder" werden bevorzugt. In diesen Bildern ist der Künstler völlig unabhängig von wirklichen Objekten. Einzig seine Fantasie, seine Vorstellung und Erinnerung an menschliche Wesen übersteigern sich zur neuen Wirklichkeit in seinem Bild.

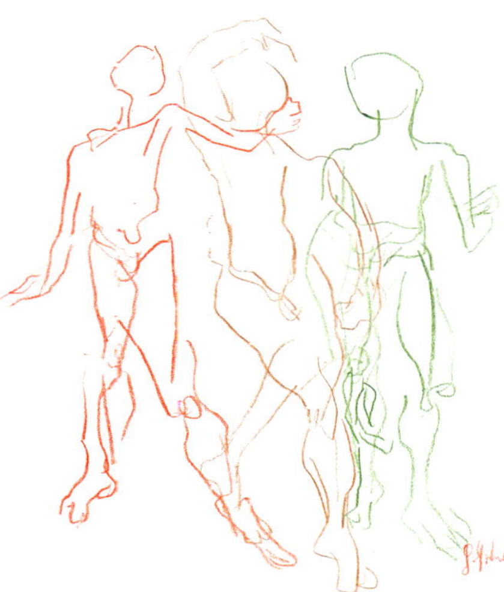

Beispiel für Blindzeichnen.

Beim **Blindzeichnen** soll der Künstler das Bild während des Zeichnens oder Malens nicht ansehen. Im Blindzeichnen zeigt sich die Beherrschung der menschlichen Proportionen, die aus dem dreidimensionalen Raum auf die zweidimensionale Fläche übertragen werden. Wenn die Augen beim Zeichnen geschlossen werden, wird die Flächeneinteilung zum Problem.
Individuelle Fehler sind bei diesen Bildern wesentlich. Auch überlängte Figuren, unkoordinierte Körperteile, zu breit angelegte Maße sowie alle subjektiven Verzeichnungen werden nun zum reizvollen Merkmal des Künstlers. Jeder sollte sich selbst mit dieser Arbeitstechnik vertraut machen. Manche bauen sie sogar zum persönlichen Stil aus.
„Blindzeichnen" kann man aber auch mit offenen Augen. Vor dem Fernseher, auf der Straße und auf Plätzen, über-

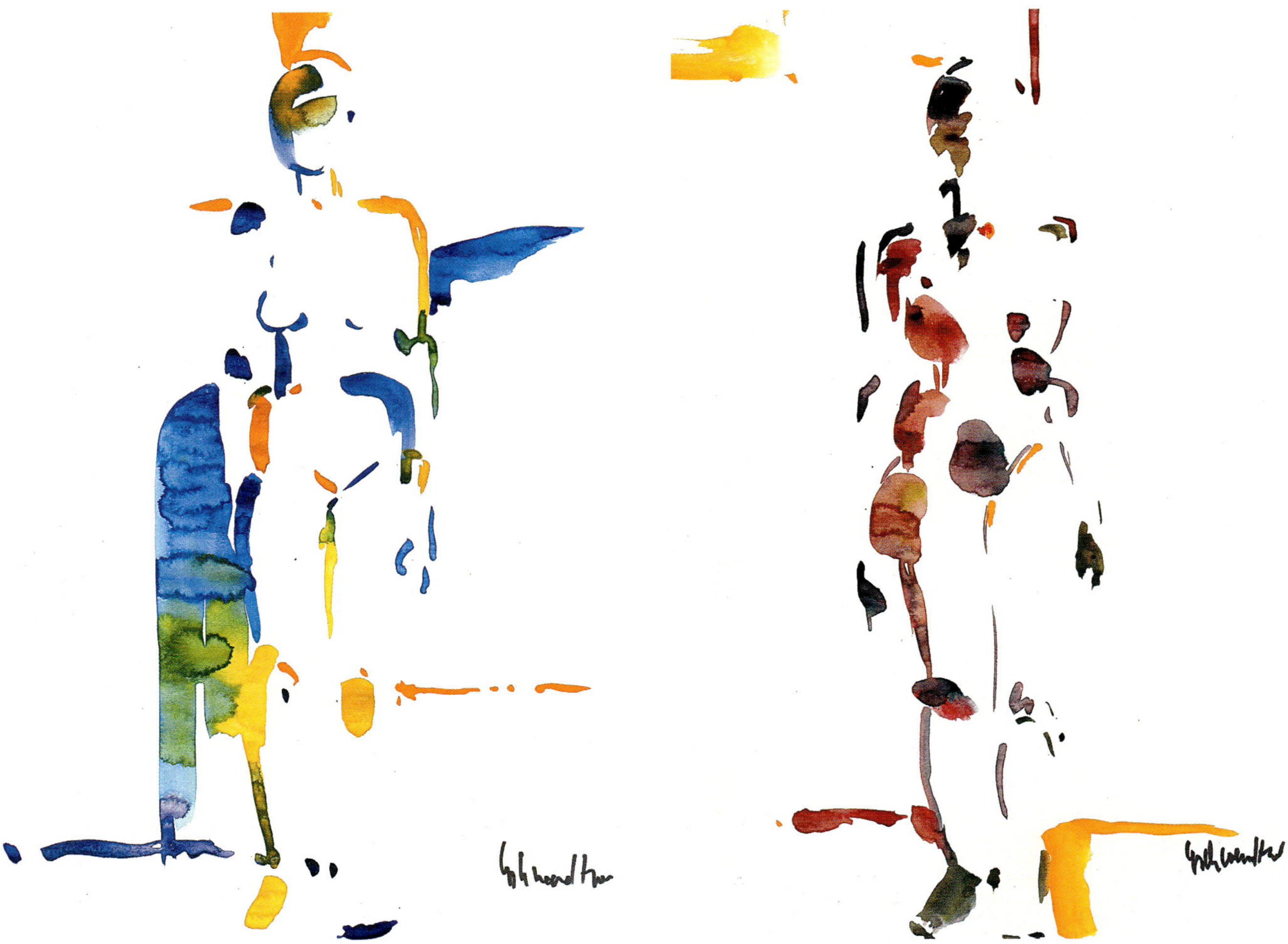

„4 Aktbilder in Reihe". Aquarell.
Diese Aktfiguren wurden aus dem Gedächtnis gemalt und durch die reduzierte Farbauswahl zu abstrakt expressiven Menschenbildern gestaltet.

all wo Menschen als Modell dienen können, wird dabei, ohne auf das Zeichenblatt zu sehen, die gesehene Figur dargestellt. Das eigene Bild birgt bei dieser Arbeitsweise manch unerwartete Überraschungen. Auch Arbeiten mit der linken Hand verstärken die Aufmerksamkeit beim Sehen. Die Figuren verkehrt herum zu zeichnen oder zu malen (Kopf unten, Beine oben), zwingt ebenso zu einem Sehprozess, der nur auf Linien oder Farben konzentriert ist. Dies erleichtert das Loslassen von der gegenständlichen Sehgewohnheit und führt zum abstrakten Erkennen. Für den Betrachter wirken diese Menschenbilder „entfremdet".

Das **Erinnerungsmalen und -zeichnen** kommt wie die Fantasie- und Traumbilder ohne reale Vorbilder aus. Nur verinnerlichte Bilder von Figuren stehen zur Verfügung. Die Realität hat keine Fesseln mehr.

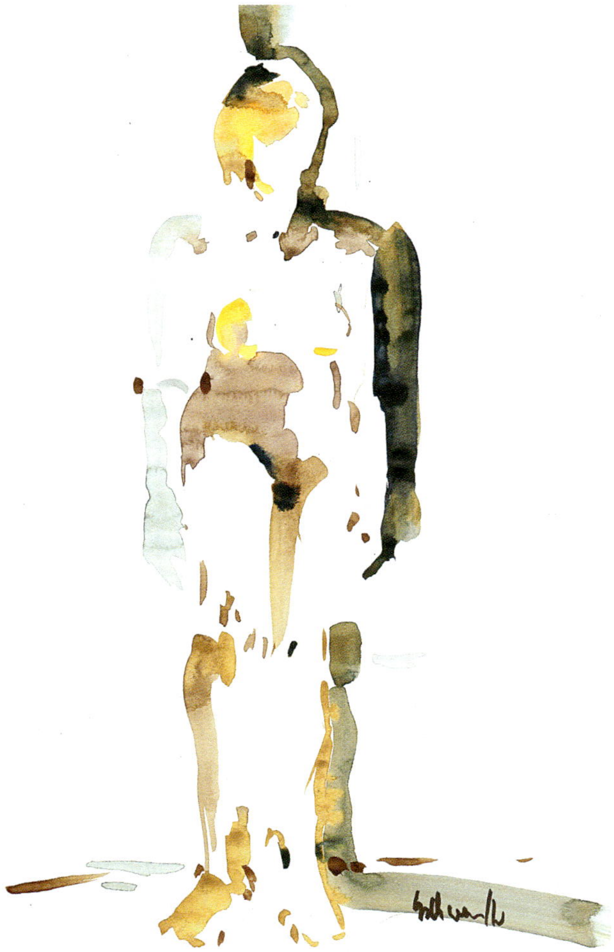

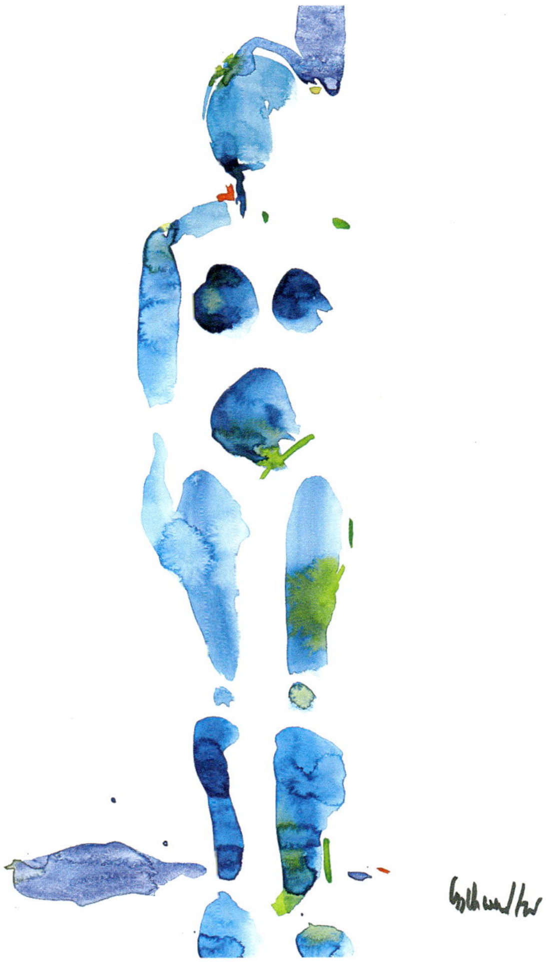

Material und Ausdruck

Jedes Arbeitsmaterial bringt von vornherein bestimmte Ausdruckswerte mit sich. Je unüblicher allerdings die Materialien verwendet werden, umso freier kann der Künstler neue expressive Darstellungen experimentell formen. Bei der künstlerischen Darstellung von Aktfiguren gibt es daher sinnvollerweise keine genormten Materialrezepte. Sie würden die Freiheit der spontanen oder auch der sehr lange überlegten Materialauswahl für eine bestimmte Bildaussage behindern.

Schnell oder langsam trocknende Materialien verhalten sich im Arbeitsprozess unterschiedlich. So wirkt z. B. die nicht korrigierbare Tusche spontaner.

Je sensibler der Künstler Komposition, Farbe, Form und entsprechendes Arbeitsmaterial wählt, umso ausdrucksstärker wird das Bildganze. Dazu sollten in Aktskizzen möglichst viele Materialerfahrungen gesammelt werden. Die persönliche Gestaltungskraft wird mit dem richtig eingebundenen Material verstärkt.

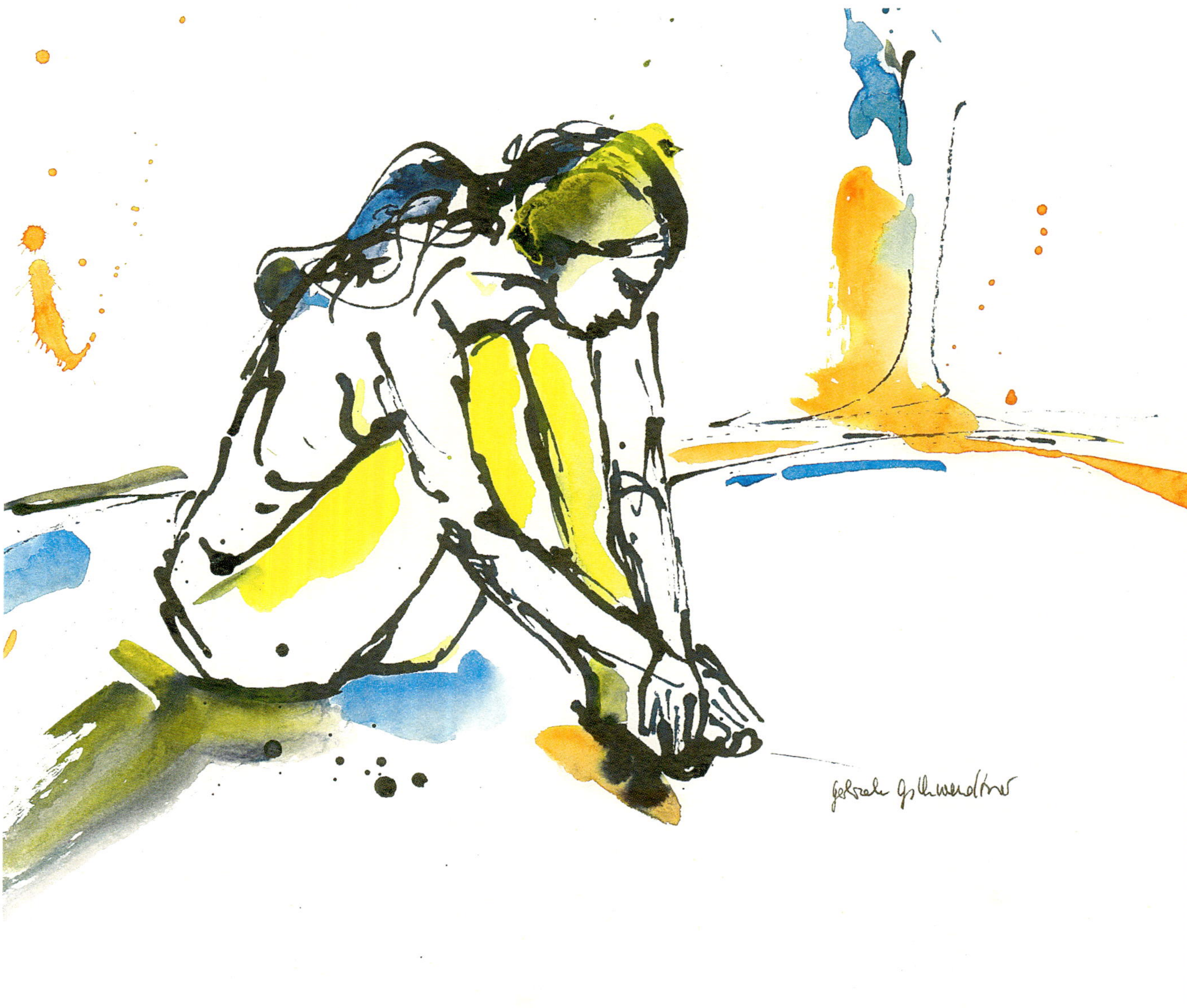

„Kauernde". Mischtechnik: Kohle und Gouache.

Mit wenigen Farbflächen und Linien wird der Ausdruck der Aktfigur übermittelt. Unnötige Details verschwinden aus dem Bild.

Einige Techniken eignen sich gleichermaßen für schnelles Erfassen oder langsames Entwickeln. Beim Aquarell z. B. kommt es darauf an, ob die Bildaussage langsam durch überdeckende Lasuren oder durch schnelles, lavierendes Auftragen erreicht wird.

Der Kunstbetrachter entwickelt bei verschiedenen Zeichen- und Maltechniken viele Sehgewohnheiten. Diese zu durchbrechen ist ein legitimes Mittel in der bildenden Kunst, um festgefahrene Normen auch im Menschenbild aufzulösen.

Material und Ausdruck müssen in der Einheitlichkeit der Gesamtkomposition untrennbar verknüpft werden. Wissen, Erfahrung und persönlicher, schöpferischer Mut zeichnen den Künstler aus, der diese Verbindung sucht.

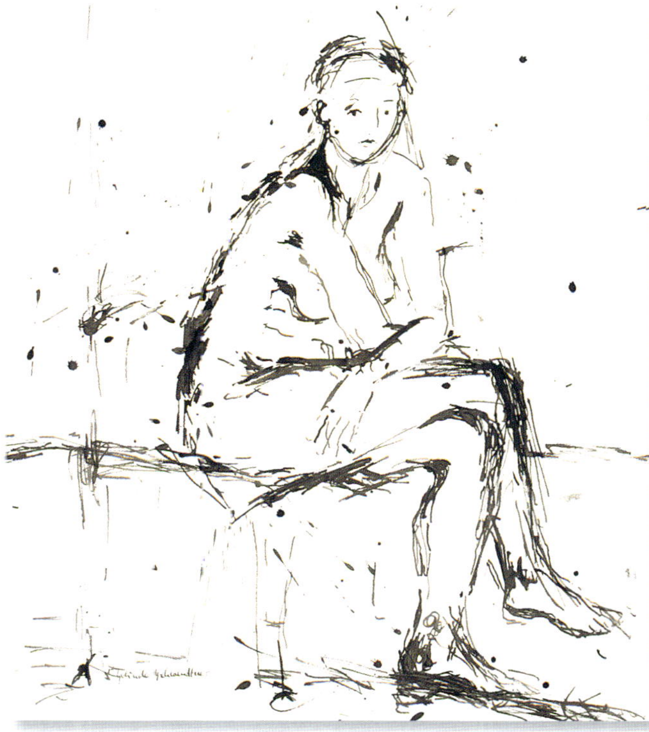

„Sitzende". Tusche.
Suchende Linien umschreiben den Umriss des Aktes. Durch das heftige, gestische Zeichnen fallen Tuscheflecken aus der Feder, die im Duktus enthalten sind.

Auftragstechnik

Unter Auftragstechnik versteht man die Art und Weise, wie bildgestaltende Materialien auf den Bildträger gesetzt werden. In der Gesamtkomposition des Aktbildes verstärkt die Auftragstechnik die sinnliche Wahrnehmung. Dick aufgetragene Farben mit dem Charakter eines Reliefs wirken anders als feinste Tönungen am glatten Papier.

Es würde in diesem Buch zu weit führen, verschiedene Techniken, wie Collagen oder Druckgraphiken, zu erklären. Am Beispiel der Drucktechnik (Monotypie) sollen einige Gesichtspunkte erläutert werden. Wie bei allen Drucken wird die Zeichnung spiegelverkehrt angelegt. Bei Druckgraphiken können skizzierte Vorlagen für eine sichere Hand sorgen. Die Druckfarben werden auf einer Glasplatte ausgewalzt, und darüber wird Druckpapier gelegt. Ein Zeichenpapier liegt über dem Druckpapier, und darauf wird in gewohnter Weise gearbeitet. Durch den Druck auf der Zeichenlinie wird die Farbe von der Glasplatte auf das Druckpapier übertragen. Es entstehen nur gedruckte Einzelblätter. Bei dieser Arbeitsweise erhöhen Zufälligkeiten den unmittelbaren Reiz der Darstellung.

Andere Auftragstechniken sind bereits in vorhergehenden Kapiteln in Bildbeispielen dargestellt worden. Jeder Künstler sollte sich mit Auftragstechniken experimentell beschäftigen. Seine typische Technik ist ein Teil seines Stils.

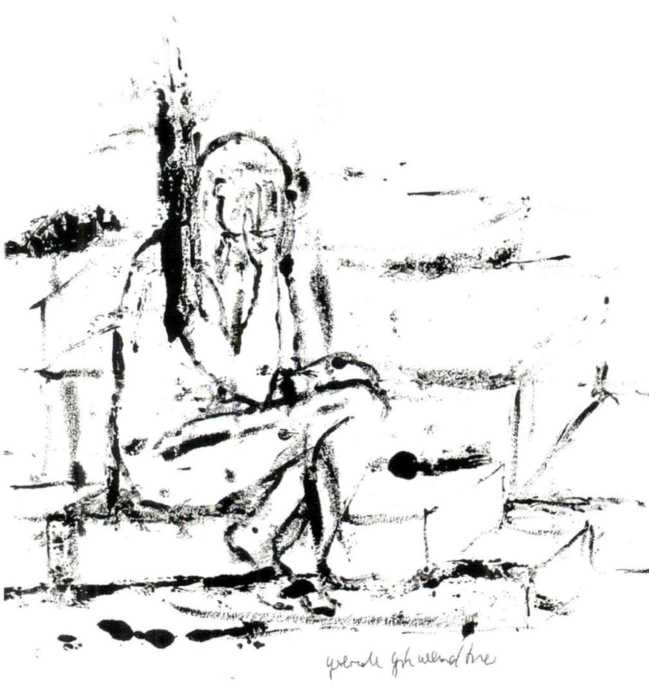

„Sitzender". Monotypie.
Die graphische Arbeit integriert in der Bildaussage die unkontrollierten Zufälligkeiten der Technik.

Ausblick

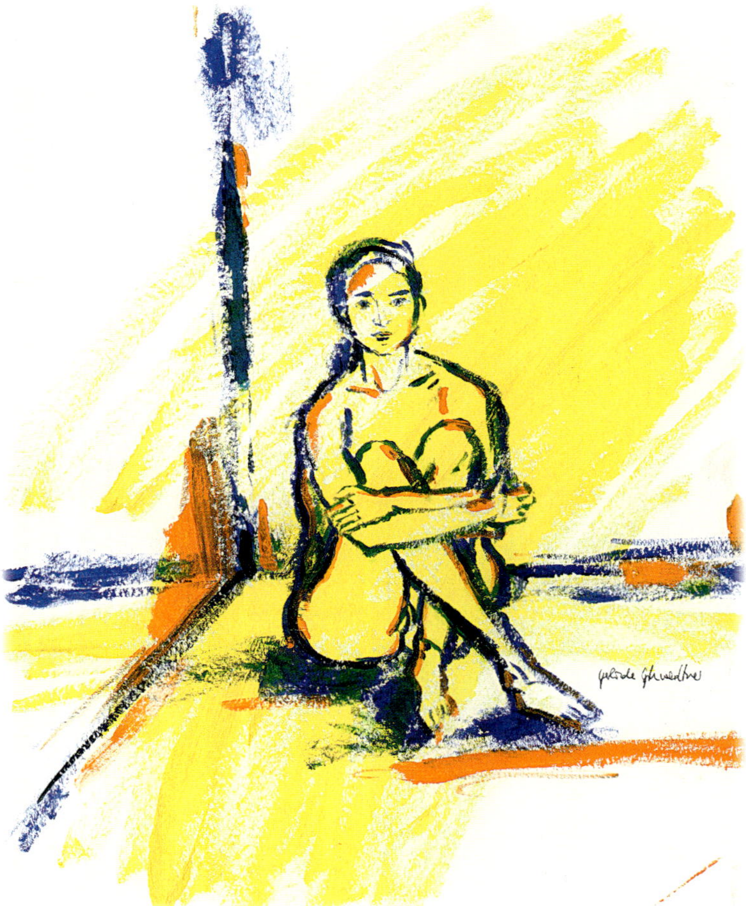

„Studentin". Acryl.
Senkrechtes Blau, waagerechtes Rot und gelbe Diagonalen umschreiben und durchdringen die Gestaltung des Aktes.

Es ist wichtig, dass sich Menschen mit Menschen befassen und sie erkennen wollen. In der Kunst wird das Menschenbild visualisiert, analog der Lebenswirklichkeit, mit der sich die Menschen konfrontiert sehen – mit ihrer ganzen Problematik, Hilflosigkeit, aber auch Stärke und Kraft. Es gibt heute kein einheitliches Bild mehr vom Menschen. Jede Aussage, zu der Menschen fähig sind, vermag auch künstlerisch aufgearbeitet zu werden. Vom stärksten Expressionismus bis zur Reduktion auf pure Körperlichkeit und von aufmerksamer Teilnahme bis zur kühlen Bestandsaufnahme menschlicher Haltung darf der Künstler die Darstellungsmöglichkeiten ausschöpfen. In manchen Bildern kann der Mensch auch verschwinden und gar nicht mehr präsent sein!

Dieses Buch ist für Künstler und Kunstbetrachter bestimmt, die sich mit dem Thema Mensch bildlich auseinander setzen wollen. Den kunstgeschichtlichen Anspielungen auf Aktgestaltung und Proportionsnormen in verschiedenen Stilepochen folgen Gestaltungsimpulse im zweiten Teil. Die Auswahl der dargebrachten Ideen des Wissens und der Bilder wurde breit gefächert, um die Gestaltungs-, Gefühls- und Gedankenebenen der Leser und Betrachter möglichst erfassen zu können. Diese Anregungen können nun in Ihren eigenen, vertieften Bildbotschaften über den heutigen Menschen umgesetzt werden.
Bedeutsam dabei bleibt jedoch eine erneute Hinwendung zum Menschen im Bild und in der Wirklichkeit.

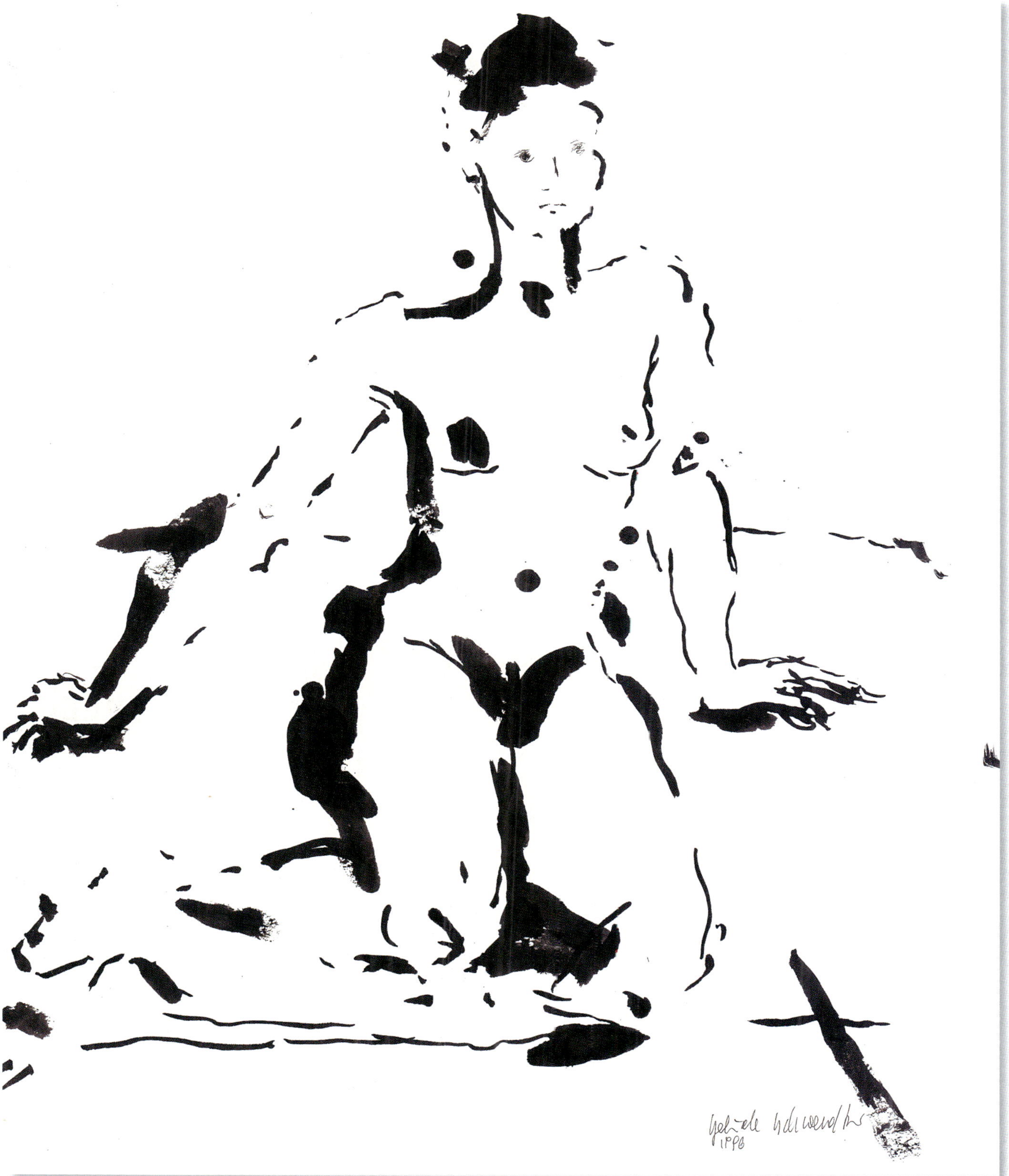

„Frontfigur". Tusche.

Der Reiz dieses Bildes entsteht durch die unterschiedliche Auftragsstärke der Tusche mit dem Pinsel. Es ergibt sich dadurch eine fast japanisch anmutende, abstrahierende Hell-Dunkel-Gestaltung der Aktfigur.

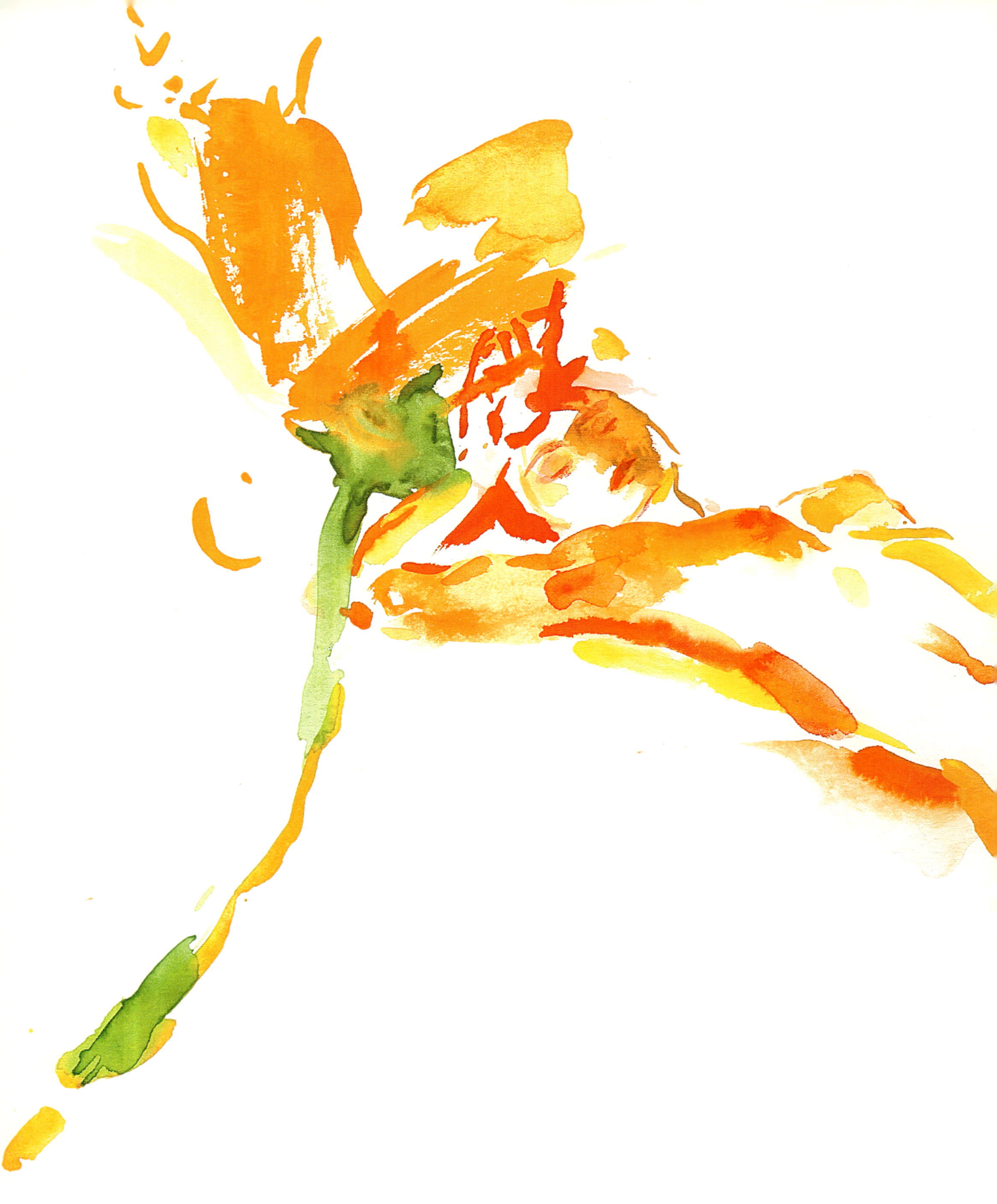